울산문화재연구원 학술총서 2

울산의 고분과 고대 사회

권용대 지음

서경문화사

내가 처음으로 고고학을 접한 것은 1995년 가을 경산 압량면에서였다. 당시 택지 개발 계획에 따라 발굴조사가 실시되었고, 이곳에서 보조원으로 참여하였다. 그 당시 까지 한 번도 경험하지 못한 소중한 체험을 하게 된 것이다. 이때 발굴 조사한 고분이 『삼국사기』에 전해져오는 압독국(押督國) 사람들의 공동무덤이었다. 흙의 성분과 색 깔 등으로 층을 구분한 다음, 한 움큼씩 파 내려갔다. 나무로 짠 무덤의 형태가 드러 나기 시작하면서 흙으로 만든 그릇이 가장 먼저 아가리를 불쑥 내밀었다. 한 층, 한 층 내려갈수록 무덤의 주인공과 같은 세월로 거슬러 올라가고 있었다. 나는 이때 벌 써 고분 속에 빠져들어 있었다. 낮에는 발굴조사, 밤에는 책을 찾아보거나 자료들을 모아나가기 시작하였다. 조금씩 저축한 돈으로 카메라를 구입했고, 쉴 틈 없이 사진 을 찍어댔다. 그러면서 더욱 고고학의 재미를 느끼게 되었다.

그 이후에도 고분을 발굴조사할 수 있는 기회가 연이어서 주어졌다. 경주 황성동, 율동, 울산 중산동, 대대리 중대, 밀양 안인리, 의령 경산리, 산청 생초면 등에서 수많 은 고분을 조사하였다. 고분은 시간과 공간을 넘나들면서 축조되었고, 저마다 자신들 의 이야기를 들려준다. 인간의 삶에서 빼놓을 수 없는 다음 세계로 이어진 연결 통로 이다. 주검이 안치된 무덤과 유물을 통하여 당시의 문화를 비롯해 그들의 삶과 죽음 에 대한 조각들을 하나씩 맞추어 갈 수 있다. 고고학 자료는 거의 모든 정보가 조각조 각 단편으로 존재한다. 고고학자는 비로 이리한 유물과 유구, 유적 속에서 조그민 딘 서들을 찾아낸다. 여기에서 찾아진 단서들은 하나씩 맞추어져 우리 조상들의 과거 생 활모습을 복원할 수 있게 한다.

특히 고대의 무덤 속에서 인간의 죽음과 사후 세계에 대한 인식뿐만 아니라 그들 의 생활방식, 사회조직에 관해서도 알아낼 수 있다. 죽음의 잔해를 통해 기록되지 않 은 고대 사회를 이해하고 개인의 지위와 위세를 비롯해 대외 교류를 포함한 국제관계 까지 살펴볼 수 있다. 하나의 문화는 주변의 다른 문화와 복합되고, 다시 융합하여 더욱 발전하면서 현재에 이르렀다. 고고학이 어려운 학문이긴 하지만 물질자료에 근거하여 단서들이 찾아지고 연구되면서 새로운 사실들을 밝혀왔다. 땅 속에 수많은 기록들이 남아 있기에 우리가 고고학을 하는 이유이다.

이 책은 필자의 박사학위 논문을 발간한 것이다. 박사학위 논문은 그동안 관심에 담아두었던 울산지역 고분을 연구 주제로 삼았다. 나는 신라 왕릉이 위치한 경주 인왕동에서 태어나 어린 시절을 보낸 뒤 울산으로 이사하여 초중고등학교를 졸업하였다. 고등학생 때부터 역사에 관심을 가졌고, 울산문화재연구원에서 근무하면서 고분 연구에 집중해 왔다. 오래 머물렀다고 많이 아는 것은 아니지만 모르는 것을 이해하기가 조금 수월해진다. 그래서 울산지역 고분 연구에 특히 촉각을 세워두고 있었다.

일제 강점기를 거치면서 마구잡이로 파헤쳐진 고분은 치유할 수 없는 상처로 남아 있다. 울산지역의 고분은 어느 하나 빠짐없이 다 제 살을 드러내놓고 있다. 광복 이후 한국 고고학자들이 단독으로 진행한 최초의 발굴조사가 1961년 가을 울주군 온양읍 삼광리 고분군에서 이루어졌다. 그로부터 고고학이 시작된 지 반세기를 넘어 섰지만 울산의 고대사는 아직 정립되어 있지 못하다.

울산의 어원과 역사를 간직하고 있는 웅촌면 대대리 일대의 고분을 수차례 답사하면서 우리의 역사가 찢어지고 무너진 채 방치된 모습을 눈으로 보고난 후 고분 연구에 더욱 매달리게 되었다. 이렇게 연구한 자료들을 모아 한 권의 책으로 내게 되었다.

그림 1. 울산 대대리 저리고분군 파괴분

이 한 권의 책에 울산의 고대사를 모두 담아낼 수는 없지만 일부라도 기록으로 남기고자 한다. 객관성이 확보된 고고자료를 분석·정리해서 사실 그대로 서술하려고 노력하였다. 나의 생각을 강제하기 보다는 나의 판단으로 맞추어 놓은 이 블록이 제자리에 놓이길 바란다.

고고학은 새롭게 출현한 물질자료와 함께 인접학문이 빠르게 발전하면서 다양한 블록을 형성해 가고 있다. 그러므로 필자의 미비한 점들에 대해서는 기탄없는 질책을 하여주시길 바라마지 않는다.

필자가 고고학의 길로 들어서기까지 도움을 주신 많은 분들께 진심으로 감사드린다. 우선 지도교수이신 옥전 조영재 신생님은 여러 가지로 부족한 제자에게 항상 큰 가르침을 주시고, 세밀한 부분까지 조언과 격려를 아끼지 않으셨다. 박사학위논문 심사를 맡아주신 경상대학교 사학과 윤경진 교수님과 정재훈 교수님, 청림문화유산연구소 박승규 소장님, 공주대학교 사학과 홍보식 교수님께 감사의 말씀을 드린다. 또한 한결같이 선배와 후배의 가교를 맡아 늘 본보기가 되어준 나의 학문 친구이자 선배인 송영진에게도 깊은 감사의 인사를 전한다. 아울러 경상고고학연구회의 류창한 회장님을 비롯한 모든 연구자들에게도 고마움을 표한다. 이어서 선비 같은 스승으로 제자들 곁을 지켜주고 계신 고경 배기헌 선생님께 감사의 마음을 전한다. 항상 우리를 따뜻하게 보듬어주고, 기도를 해주시는 권순애 선생님께도 감사의 뜻을 전하고 싶다.

이 책의 발간을 허락해주신 울산문화재연구원 양상현 원장님을 비롯한 이사님들, 동료 연구원들에게도 감사드린다. 이외에도 언급하지 못한 흙과 함께 삶을 살아가면서 알게 된 선생님들 한분 한분에게 모두 감사의 인사를 올린다. 끝으로 자식을 위해 평생 살고계신 사랑하는 부모님 권순일, 김정숙과 언제나 따뜻한 활력소 우리 가족 김은영, 권도윤, 권예희에게 고마움을 가슴 깊이 새긴다.

필자의 책을 흔쾌히 출간해 주신 서경문화사 김선경 사장님을 비롯한 편집부 여러분께도 깊은 감사를 드린다.

2018년 8월 연구실에서
권용대

| 차 례 |

Ⅰ. 머리말 _ 9

　1. 연구 현황과 과제 ··· 10
　2. 연구 목적과 방법 ··· 23

Ⅱ. 울산의 자연 지형과 고분군 분포 양상 _ 27

　1. 울산의 자연 지형 ··· 27
　2. 고분군 분포 양상 ··· 31

Ⅲ. 묘제 분석과 유형 설정 _ 54

　1. 묘제 분석 ·· 54
　　1) 목곽묘 ··· 54
　　2) 석곽묘 ··· 68
　　3) 석실묘 ··· 77
　2. 유형 설정 ·· 81
　　1) 목곽묘 ··· 81
　　2) 석곽묘 ··· 92
　　3) 석실묘 ··· 96

Ⅳ. 고분의 단계 설정과 편년 _ 101

　1. 고배의 형식 분류 ··· 101
　　1) 와질 고배 ·· 102
　　2) 고식 도질 고배 ··· 104

　　3) 신식 도질 고배 ··· 105

　　4) 교호투창 고배 ··· 107

　2. 단계 설정과 편년 ··· 111

Ⅴ. 고분의 전개 양상과 시기별 특징 _ 120

　1. 고분의 전개 양상 ··· 120

　2. 시기별 고분의 특징 ·· 135

Ⅵ. 울산지역 고분의 성격 _ 146

　1. 고분과 울산지역 고대 정치체 ·· 146

　2. 울산과 주변 정치체의 관계 ·· 163

Ⅶ. 맺음말 _ 176

참고문헌 _ 189

찾아보기 _ 199

I
머리말

울산은 국내 최대의 중화학 공업도시이면서 항구도시로 우리나라 산업의 중추 역할을 담당해왔다. 1962년 공업 특정 지구로 결정된 이후 정부 주도의 산업화 정책에 의해 급속히 성장하였다. 이 과정에서 수많은 개발이 뒤따랐지만 이에 수반된 유적 조사는 거의 이루어지지 않았다. 고대의 역사 복원은 문헌자료가 많지 않으므로 고고자료에 크게 의존할 수밖에 없다. 구석기시대부터 시작하여 현재까지 울산의 역사는 모두 땅 속에 유구와 유물로 기록되어 있다.

반구대 암각화와 천전리 각석 등이 세계 문화유산으로 가치를 인정받고 있으며, 청동기시대 취락과 삼한·삼국시대의 고분이 대규모로 형성되어 있다. 울산의 선사·고대사회의 위상을 짐작할 수 있는 부분이다.

우리가 역사와 문화재에 대한 가치를 제대로 인식하지 못한 채 개발논리에 사라진 문화재가 너무도 많다. 지금 당장은 개발이 중요할지 모르지만 살기 좋은 도시는 역사와 인간이 함께 살아 숨 쉬어야 한다. 개발과 문화재 보존 노력이 사회를 보다 안정되고 번영을 누리게 할 것이며, 역사와 전통이 계승될 수 있다.

울산지역의 고대 정치체는『三國史記』기록에 의하면 于尸山國과 屈阿火村
이 존재한다. 문헌자료의 부족과『삼국사기』초기 기록의 신빙성 문제[1]로 그
실체를 명확하게 파악하기 어려웠다. 현재까지의 발굴 성과를 통하여 볼 때,
울산지역에서 이들 정치체의 존재가 인정된다.

그러나 울산은 경주와 지리상 가깝고 문헌기록 때문에 일찍부터 신라에 隸
屬된 것으로 알려져 왔다. 신라의 일원으로 보는 견해가 강하여 울산의 고대
문화는 정체성이 밝혀지지 못하였다. 정체성 회복과 함께 고대문화를 복원하
는 것이 울산의 위상을 높이는 길이다. 울산지역 고대 정치체의 성격과 역사
를 밝힐 수 있는 가장 양호한 자료로 고분이 있다. 고분은 각 집단의 시기별
사회 · 문화상을 반영하고 있으며, 문화 교류의 양상까지 살펴볼 수 있다.

이에 단위집단의 성격이 가장 잘 반영된 삼국시대 고분을 통하여 울산지역
고대문화의 일면을 살펴보고자 한다.

1. 연구 현황과 과제

울산지역에서 삼국시대 고분에 대한 최초의 발굴조사는 1961년도에 실시
되었다. 발굴조사가 실시된 배경은 울주군 온양읍 삼광리고분군에서 도굴된
대부장경호(동물무늬 굽다리 긴목항아리)가 세간의 주목을 받았기 때문이다. 동
체부 상단에 2단으로 말과 사슴 등 총 12마리의 동물이 새겨져 있다.[2] 대부
장경호의 출처가 삼광리고분군으로 밝혀지면서 발굴조사가 실시되었으며,
그 결과 목곽묘, 석곽묘, 석실묘 등 모두 149기의 유구가 확인되었다.[3] 광

---

1) 盧重國, 1990,「韓國 古代의 國家形成의 諸問題와 관련하여」『한국 고대국가의 형성』,
   民音社, 15~18쪽.
2) 울산광역시, 2008,『울산의 유적과 유물』.
3) 김원룡, 1986,『韓國考古學槪說』, 일지사.

복 이후 처음으로 우리 고고학자에 의하여 발굴조사가 실시되었다는 점에서 큰 의의를 갖는다.

그 이후 1980년대에 화산리고분군과 양동유적, 하대유적 등 극히 한정된 유적에 대한 발굴조사가 이루어졌다. 1990년대에는 중산리유적, 다운동유적, 중대고분군, 일산동고분군 등이 공사도중에 확인되어 수습조사를 실시하였다.

2000년대에 들어와서는 대규모 개발사업과 맞물려 발굴조사

그림 2. 삼광리고분군 대부장경호

가 진행되었다. 대표할만한 예는 울산역 역세권 개발사업, 울산 혁신도시 개발사업, 울산 강동산하도시 개발사업, 울산 신일반 산업단지 조성사업, 매곡산업단지 조성사업, 송정지구 택지 개발사업 등이 있다. 이러한 개발사업과 연동되면서 울산지역의 고고학은 괄목할만한 성과를 거두었다.

울산역 역세권 개발사업으로 확인된 교동리유적 1호 목관묘는 구릉의 중앙부에 단독으로 위치하고 있었다. 이단굴광으로 매우 깊게 굴착을 하였다. 목관은 원통형이고, 보강토 내부 동단벽과 상단 봉토 내부에 유물을 부장하였다. 유물은 有蓋甕, 把手附甕, 豆形土器, 偏球壺, 銅劍, 銅戈, 銅鉾, 圓筒形 銅器, 蓋弓帽, 素環頭刀, 鐵矛, 鐵斧, 鐵鑿, 朱漆函 등이 출토되었다.[4] 입지와 규모, 출토유물 등으로 볼 때, 당시 이 일대에서 최고 지배자였음을 알 수 있다. 이 시기 울산지역 지배집단의 성격을 잘 보여주는 자료이다.

---

4) 蔚山文化財硏究院, 2013, 『蔚山校洞里遺蹟 Ⅲ』.

이외에도 울산지역 고대 정치체의 일면모를 보여주는 고분이 지속해서 조사되었고, 연구자료 또한 차츰 증가하고 있다.

울산지역 고분 연구는 안재호에 의하여 맨 먼저 이루어졌다. 그는 하대유적을 통하여 삼한시대 후기 와질토기의 편년을 구축하고자 하였다. 삼한시대 후기에 해당되는 하대유적 출토 토기를 형식학 방법으로 분석하여 전·중·후엽의 3단계로 나누었다. 그리고 각 단계 내에서 유개대부광구호, 유개대부직구호, 단경호를 기준으로 전·중엽은 3기, 후엽은 2기로 小 時期를 설정하였다. 시기는 전엽을 2세기 후반, 후엽을 3세기 후반~4세기 전반으로 편년하였다.

전엽의 목곽묘는 규모에 관계없이 모두 동-서 방향으로 축조되었다. 능선의 중심선 상에 중·소형분, 능선 주변에 대형분이 조영되었다. 목관묘 단계의 풍습이 남아 있으며, 혈연중심의 성향도 강한 것으로 보았다. 중엽의 목곽묘는 대형분이 능선 중심, 중·소형분이 주변부에 위치한다. 과도기로서 하대집단의 정치권력 이동의 추이가 점차 이루어졌음을 示唆 하였다. 후엽은 구릉의 경사면에 소형분만 축조된다. 정치 성향의 수장이 등장하는 시기로 하대유적을 부산 복천동, 김해 대성동, 양동과 같은 정치체의 중심 거점지역으로 파악하였다.[5]

토기에 대한 분석과 단계 설정, 편년 등이 매우 치밀하고 정교하게 이루어졌다. 이에 따라 하대유적의 편년 안은 영남지방의 삼한시대 후기 와질토기 연구의 기본 자료가 되었다.

토기의 분류와 분석 및 편년에 대한 논증에 동의를 한다. 그러나 조사된 자료가 완전히 보고되지 않아 하대유적의 전체 성격을 규명하기에는 한계가 있었다고 판단된다. 하대유적은 토기뿐만 아니라 금속유물의 질과 양, 고분의 규모에서 울산지역 최고의 정치체로 볼 수 있다. 추후에 하대유적이 완전

---

5) 安在晧, 1994, 「三韓時代 後期 瓦質土器의 編年」『嶺南考古學報』 14, 嶺南考古學會, 63~87쪽.

히 보고된다면 가치는 더욱 조명 받을 것으로 판단된다.

이성주는 울산 중산리유적의 발굴조사 자료를 통하여 목곽묘의 변천과정과 적석목곽분이 어떻게 출현하고 특성화 되는지 검토하였다. 중산리유적에서 조사 된 대형 목곽묘의 변천과정에 주목하여 묘제의 평면형, 묘광의 깊이, 유물 부장 양상, 묘의 외형을 중요한 속성으로 삼았다. 그리고 속성들의 출현 및 존속시기, 변화상에 근거하여 중산리유적의 목곽묘 변천을 3단계로 나누었다. Ⅰ단계는 장방형의 반지하식 목곽묘 축조기, Ⅱ단계는 목곽묘의 세장화, 지하식화, 부곽의 확장 시기, Ⅲ단계는 완성형의 '신라식' 목곽묘 혹은 적석목곽분, 고총고분의 축조기로 보았다. Ⅰ단계는 목곽의 평면형과 유물 배치 방식에 따라 a~c 소단계, Ⅱ단계는 묘광 평면형의 세장도, 목곽 四圍 補强積石施設의 양상의 변화를 기준으로 a~c 소단계, Ⅲ단계는 유물의 배치 상태, 목곽 및 묘광의 평면형의 변화에 따라 a~d 4개의 소단계로 세분하였다. 시기는 Ⅰ단계를 2세기 중엽경으로부터 3세기 전반대까지, Ⅱ단계를 3세기 중엽부터 4세기 후반, Ⅲ단계를 4세기 말부터 6세기 전반까지로 설정하였다.

경주분지 일대의 신라 중심지역에서 지속된 목곽묘의 전통을 '신라식' 목곽묘라고 부르며, 그 전통 안에서 적석목곽분의 발생을 이해하였다. 적석목곽분은 목곽과 적석봉분, 고대 봉토라는 3개의 요소를 갖추어야만 자격이 있다고 보았다. Ⅱa단계부터 묘광이 세장화되고 보강적석의 전통이 한정된 지역에서 나타나 '신라식'으로 분화된다. 적석목곽분은 Ⅲ단계에 들어와서 적석봉분을 제외한 제반 요소가 모두 갖추어진 것으로 파악하였다. 황남대총이나 천마총과 같은 적석목곽분의 일체 구조는 북유라시아 적석목곽분과의 관련성을 배제하지 않았다.[6]

초기 신라묘제의 변천과정과 '신라식' 목곽묘를 포함한 적석목곽분이 어떻

---

6) 李盛周, 1996, 「新羅式 木槨墓의 展開와 意義」『신라고고학의 제문제』, 韓國考古學會, 39~64쪽.

게 발현하였는지 중산리유적을 통하여 면밀하게 살폈다는 점에서 學史上 중요한 의미를 가진다. 그러나 중산리유적 전체의 묘제 전개양상과 중·소형분과의 관계, 신라고분에서 차지하는 위치 등은 고려되지 못하였다. 또한 중산리유적의 대형 목곽묘 양상만을 가지고 신라 중심지의 최고위계 고분의 출현을 설명하는 것은 어려운 점이 있다.

중산리유적은 여러 차례 발굴조사가 이루어지면서 삼한시대부터 삼국시대에 이르는 다양한 고분이 계속해서 축조되었음을 알 수 있게 되었다. 신라 중심부와 주변부에는 여러 정치체가 존재하였으며, 정치체별로 또는 집단별로 지역의 특성이 묘제에 반영되어 있다. 하나의 고분군에서 동시기에 여러 묘제가 존재하는 것도 이러한 차이를 보여주는 것이다.

김형곤은 적석목곽묘 연구를 위한 선결 과제로서 적석목곽묘 축조 이전 시기의 주묘제인 목곽묘에 대한 검토를 시도하였다. 중산리유적 목곽묘 중에서 묘광 길이 5m 이상인 대형분을 주 연구 대상으로 삼았다. 목곽묘의 구조 분석을 위한 기본 속성으로는 묘광의 평면형태, 대형 목곽, 부곽, 보강시설, 호석과 봉분을 선택하였다. 그리고 묘광의 평면형태와 부곽의 유무를 기준으로 하여 '가'·'나'류 목곽묘를 설정하였다. 뿐만 아니라 묘광의 장단비가 3:1 이상으로 세장하고 바닥면의 높이가 일정한 主副槨式으로 주곽에 철모, 부곽에 호형토기를 배치하여 동시기 가야문화권의 고분문화와 차이를 가진 '신라식' 토광목곽묘로 정의하였다.

이러한 목곽묘는 5단계의 과정을 거쳐 신라 중기 이후의 적석목곽묘로 이행하는 것으로 보았다. 1단계는 방형의 목곽묘, 2단계는 동혈 주부곽식 목곽묘, 3단계는 세장방형 목곽묘로 변하며, 보강시설에 냇돌 요소가 추가되고 부곽이 커지면서 오리모양토기·신선로형토기 등의 新器種이 부장되었다. 護石 및 封墳이 뚜렷이 확인되는 '신라식'목곽묘로 이어진 것으로 보았다. 4단계는 '신라식'목곽묘 성행기로 철제 갑주류의 부장, 長身의 鐵矛類가 묘광 바닥에 집중 부장된다. 5단계는 신라 적석목곽묘 移行期로 철제 유물이 쇠퇴해간다. 시기는 1단계를 2세기 후반~3세기 초, 2단계를 3세기 전반~3세기 중엽, 3단계를 3세기 후반~4세기 중반, 4단계를 4세기 말~5세기 전반, 5단계를 5세기 중반으로 보았다.[7]

적석목곽묘의 출현이 재지의 선대묘제인 신라식 토광목곽묘에서 자체 변화, 전개되었음을 밝히고 있다. 이러한 점은 북방으로 지칭되는 외부문화의 유입 결과라고 본 기존 연구자의 견해와 차이를 가진다. 그러나 보고서가 발간되지 않은 상황에서 대형 목곽묘만을 갖고 전체 유적의 성격을 파악해 내는 것은 쉽지 않다.

2000년대 이후 중산동고분군이 연이어 발굴조사 되었으며, 중산리유적은 2006년 이래로 계속해서 보고서가 발간되고 있다. 따라서 현재는 중산동고분군에 대한 성격을 어느 정도 규명할 수 있게 되었다.

김영민은 목곽묘의 변화 과정과 그 변화과정에 따라 나타나는 유물 부장양상을 기초로 해서 고대 울산지역의 사회상을 검토하였다. 그는 먼저 목곽묘를 크게 3단계로 구분하여 살펴보았다.

1단계는 목곽묘의 등장기로 평면비가 1.5:1 정도이며, 이전의 목관묘와 완전히 구별되는 현상으로 보았다. 2단계는 목곽묘의 장방형화가 급속도로 진전되어 세장방형의 목곽묘가 일반화된다. 이와 함께 부장유물의 格納을 위한 공간으로서 부곽이 갖추어진다. 3단계는 적석목곽묘가 채용되고 주변지역에서 수혈식석곽묘와 목곽묘가 혼용되는 시기이다.

유물은 1단계와 2단계의 과도기에 나타나는 有刺利器, 蕨手文鐵矛, 曲刀子(궐수문철겸) 등을 검토하였다. 유자이기는 상징 수단, 궐수문 철모는 장송의례, 곡도자(궐수문철겸)는 상징 의례와 관련된 유물로 판단하였다. 검토 유물을 통해 본 고대 울산의 사회변화상은 정치권과 제사권의 竝立關係에서 정치권에 힘이 집중되었다가 제사권이 首長權에 흡수 통합되는 과정으로 파악하였다. 그리고 유자이기를 특정집단의 상징 수단으로 사용된 유물로 보고

---

7) 金亨坤, 1997, 「新羅式 土壙木槨墓의 檢討 -中山里遺蹟을 中心으로-」『昌原史學』3, 昌原大學校 史學會, 1~40쪽.

이를 國邑과 구별되는 別邑과 관련된 것으로 생각하였다.[8]

기존의 儀器性 유물로 규정해 온 유자이기를 포함한 궐수문철모, 곡도자의 성격을 기술 관점과 방법론 관점에서 심도 있게 논의하여 높은 평가를 받고 있다. 그러나 유물을 유형화하여 제사권으로 설정한 점은 근거 제시에 다소 부족함이 있다. 유자이기 등장 전후 시기의 제사 관련 유물과의 연결문제, 유자이기 출토 유적을 모두 별읍으로 볼 수 있는지 등 추가되어야 할 내용들이 있다.

이한상은 5세기대 울산지역의 고분군 분포를 통해 정치세력의 추이에 대하여 살펴보았다. 4세기대의 목곽묘가 5세기로 접어들면서 적석목곽묘로 전환되는 지역과 수혈식석곽묘로 전환되는 지역으로 구분하였다. 전자는 주로 중산리-양동을 잇는 해안 쪽으로, 신라의 영향력이 강했던 곳으로 보았다. 후자는 웅촌면과 언양 일대로, 在地의 요소가 강한 것으로 추정하였다.

또 하나 주목한 것은 5세기 후반 이래 신라는 언양, 양산지역을 매개로 낙동강 이서지역 경영에 나선 것으로 보았다. 중심 고분군의 부재는 재지 집단이 통치하지 못했기 때문인 것으로 판단하였다. 그리고 울산지역의 철산지는 신라의 성장 기반이 되었던 것으로 파악하였다.[9]

제한된 자료를 갖고 5세기대 울산지역 정치체의 차이점과 성격을 규명하였으며, 신라와의 관계를 제시하는 중요한 연구이다. 그러나 울산지역은 적석목곽묘의 분포 비율이 높지 않고, 특정 시기에 일부 유적에만 조성되었다. 또한 석곽묘와 적석목곽묘가 동시기에 공존하는 양상을 보이기도 한다. 따라서 동시기에 다양한 묘제를 선택 채용했을 가능성이 더 크다고 볼 수 있다.

홍보식은 6~7세기대 울산지역의 묘제를 개관하고, 시기별 묘제 변화의

---

8) 金榮珉, 2001, 「木槨墓의 변화로 본 古代蔚山 -일부 출토유물을 중심으로」 『무덤이 말하는 고대 울산』, 울산대학교 박물관, 39~56쪽.

9) 李漢祥, 2001, 「墓制로 본 5世紀代 蔚山地域의 政治的 推移」 『무덤이 말하는 고대 울산』, 울산대학교 박물관, 60~70쪽.

추이와 특징, 묘제를 통하여 상정되는 사회 측면의 문제를 다루었다. 매장유구는 횡혈식 석실·횡구식 석실·수혈식 석곽·토광 등으로 나누었다. 횡혈식 석실은 연도 방향과 시상 구조, 석재 규모와 쌓는 방법 등에 의해 3형, 횡구식 석실은 평면형태가 방형인 것과 장방형인 것으로 구분하였다. 소형 석곽과 토광묘는 주로 규모가 큰 횡혈계 매장 시설의 배묘 또는 주위에 배치한 것으로 보았다.

울산은 6세기 후반까지 앞 시기의 묘제인 수혈식 석곽이 축조된다. 횡혈계 묘제가 수용되면서 묘역을 달리하거나 새로운 고분군이 조성되는 현상이 나타난다. 이는 새로운 장제를 수용하면서 앞 시기에 고분군이 조성된 구릉과는 다른 구릉을 선정하였거나 횡혈계 묘제를 수용한 새로운 집단이 조성한 것으로 파악하였다.[10]

울산지역 횡혈식 석실묘의 수용이 두 계통으로 이루어졌음을 밝힌 선구 연구이다. 울산뿐만 아니라 신라 후기의 고분문화 체계를 정립하고 있어서 연구의 기초 자료로 활용되고 있다.[11]

장정남은 울산지역 고분군의 입지와 변천, 출토유물의 편년을 통하여 신라 고분의 성격을 살펴보았다. 고분의 입지는 대수계와 소하천을 낀 구릉에 조영되며, 주변에 곡저평야가 있는 경우가 많다.

고분의 변천은 봉분 및 묘제, 평면형태, 바닥시설 등으로 나누어서 고찰하였다. 봉분은 원형에서 장타원형, 타원형으로 변하였다. 묘제는 목관묘, 목곽묘, 석곽묘, 횡구식과 횡혈식 석실묘 순으로 도입된다. 토광과 목곽 사이에 돌로 채운 형태를 '울산식' 적석목곽묘로 부르고 '경주식' 적석목곽분의 시원으로 제시하였다. 석곽묘는 한쪽 단벽이 弧狀으로 돌려진 것을 '이형 석곽묘'로 분류하였다. 유구의 평면형태는 묘제별로 방형에서 장방형 또는 세장

---

10) 洪潽植, 2001, 「묘제로 본 6~7세기대 울산」『무덤이 말하는 고대 울산』, 울산대학교 박물관, 73~88쪽.

11) 홍보식, 2003, 『新羅 後期 古墳文化 研究』, 춘추각.

방형으로, 바닥시설은 지역 관습이나 고분의 주변 환경에 따른 차이로 보았다.

고분의 편년은 토기류를 상대편년 하여 2세기 중반에서 7세기 전반까지 시기별 토기의 기형과 문양의 형식 등으로 구분하였다.[12]

울산지역에 분포하는 고분군의 양상과 성격을 살펴본 연구로서 의미가 있다. 그러나 논지 전개상 편년을 먼저 살펴본 다음 고분군의 성격을 파악하는 것이 체계성을 살릴 수 있다. 또한 유구와 유물을 일정 기준으로 형식 분류하고 조합하여 그 의미를 찾는 것이 객관성을 가진다.

조수현은 울산·경주지역의 수혈식석곽묘 중 석곽 단벽이 호형으로 이루어진 석곽묘를 '조일리식' 석곽묘로 명명하여 그 분포상과 축조배경에 대하여 검토하였다. 석곽 단벽 형태에 따라 모두 4형식으로 분류하였으며, 이 중 울산지역은 A형식, 경주지역은 B형식이 가장 많은 수를 차지한다. '조일리식' 석곽묘를 축조한 피장자의 성격은 상위 신분을 가진 것으로 상정하였다.

기능 측면에서 대호와 같은 대형 토기류를 부장하기 위하여 유물 부장부를 극대화한 것으로 생각하였다. '조일리식' 석곽묘의 계통은 울산 서부지역 일대에 조영된 전대 목곽묘의 형태에서 변화·발전한 것으로 보고자 하였다. 조영 시기는 5세기 3/4분기~6세기 3/4분기로 설정하였다.[13]

다양한 형태의 석곽묘 가운데 특징 요소를 찾아내어 그 의미를 부여한 중요한 연구이다. 그러나 '조일리식' 석곽묘는 울산의 서부권역을 포함하여 북부, 중부, 남부권역과 주변의 경주, 밀양에까지 넓게 분포하며, 위석목곽묘와 적석목곽묘에서도 관찰되는 평면형태이다. 또한 소형의 토기를 부장한 경우에도 이러한 형태의 부장공간을 설치하기도 한다. 따라서 보다 광의의 의

---

12) 張正男, 2002,「蔚山地域 新羅古墳 變遷과 編年」『慶州文化研究』, 경주대학교 경주문화연구소, 31~66쪽.

13) 조수현, 2008,「早日里式石槨墓의 築造背景 研究 -蔚山·慶州地域을 中心으로」『韓國上古史學報』61, 韓國上古史學會, 35~57쪽.

미를 갖는 용어가 필요하다고 판단된다.

한미애는 2~7세기의 울산 중산동 세력이 신라와 어떤 관계를 맺고 발전해 나갔는지 살피고자 하였다. 중산동 세력은 사로국을 구성한 유력 세력 중 하나로서 철을 생산·유통하였던 것으로 보았다. 따라서 신라의 관리와 통제의 대상이 되었고, 지방정비가 완료되는 시점에 신라 관문으로서 군사·방어 성격을 지닌다고 추정하였다.[14]

중산농 주변의 유적을 검토하여 중산동 세력의 성격과 신라와의 관계를 살핀 매우 중요한 연구이다. 그러나 분석과 근거제시가 결여되어 있어서 실제 중산동 지배집단의 성격을 규명하는 것은 부족한 점이 있었다. 중산동은 해상과 육상을 연결하는 중간 기착지로서 넓은 충적지와 풍부한 철을 확보하고 있으므로 이 일대를 거점으로 한 정치체의 존재가 인정된다.

서용하는 울산 중산동의 고분문화를 살펴보고 경주분지와 태화강수계 이북의 묘제를 비교·검토하여 중산동 유적의 특징을 밝히고자 하였다. 중산동고분군이 위치한 지역은 경주로 들어가는 주요 교통로에 해당하며, 인근에 달천광산이 있어서 경주지역과 긴밀한 관계를 유지한 것으로 생각하였다. 경주지역의 세력 강화로 인해 중산동 집단에 대한 통제가 있었지만 경주 중심세력과 동일한 묘제를 공유함으로서 동질성을 갖게 된 것으로 판단하였다.[15]

토기의 형식분류와 검증을 거쳐 경주, 포항지역과 묘제, 부장유물을 비교한 연구방법에 있어서 타당성을 가진다. 그러나 중산동 집단의 성격 및 특징을 논하면서 신라와 동일한 적석목곽묘를 조영한 것으로 파악한 것은 다소 시각 차이를 보인다. 중산동은 경주지역과 같이 상부적석을 실시한 적석목곽

---

14) 한미애, 2012, 「고대 울산 중산동 세력에 대한 연구」, 울산대학교 대학원 석사학위 논문.

15) 서용하, 2012, 「울산 중산동 신라고분 문화의 연구」, 동아대학교 대학원 석사학위 논문.

묘는 많지 않고, 대부분 위석목곽묘가 중심을 이루고 있다. 따라서 경주지역과 성격을 달리하는 집단으로 볼 수 있는 것이다.

김훈희·고상혁은 울산 산하동유적을 중심으로 墓槽가 있는 목곽묘에 대하여 고찰하였다. 주혈과 유물의 부장위치, 목곽흔, 묘조의 형태나 위치 등을 통한 결구방법을 기준으로 네 가지 유형으로 분류하였다. A유형은 경기·호서·호남지역, B유형은 영남지역, C유형은 백제 목곽묘, D유형은 신라 목곽묘에서 확인된다. 따라서 묘조는 지역과 시간에 따른 특징을 갖고 있는 것으로 판단하고 가장 많은 수를 점하는 D유형 묘조를 중심으로 그 의미를 살펴보았다.

울산 산하동유적의 D유형 묘조는 강릉지역 목곽에서 관찰된다. 강릉지역 목곽묘에서 울산지역과 동일한 묘조가 확인된 배경으로는 신라 세력의 확장에 따른 산하동 집단의 일부가 강릉지역으로 진출한 것으로 이해하였다.[16]

묘조가 지역과 시간에 따라 여러 형태가 있음을 밝힌 중요한 연구이다. 그러나 墊木[17]이라는 명칭도 사용되고 있어서 여러 형태를 아우르는 용어가 필요하다. 묘조는 한반도 전역에서 다양한 형태로 확인되지만 D유형은 울산 산하동과 강릉 안현동에서 중심을 이룬다. 고분이 5세기대 동시기에 양 지역에서 모두 지속 축조되므로 신라 세력의 확장으로 인한 결과로 보는 것은 무리가 있다.

최수형은 울산 북동유적을 대상으로 묘제의 변천과정과 축조집단의 성격에 대하여 살펴보았다. 고분의 규모와 형태, 배치관계, 출토 유물 등을 종합하여 묘제의 변천양상과 전환과정을 추적하였다.

북동유적의 묘제의 변화는 신라권 문화의 변동과 동일 선상에서 이루어진 결과로 파악하였다. 또한 울산을 신라가 낙동강 以西地域으로 진출하기 위

---

16) 김훈희·고상혁, 2015,「墓槽가 있는 목곽묘에 대한 일고찰 -울산 산하동유적을 중심으로-」『嶺南考古學』73, 嶺南考古學會.

17) 崔鍾圭, 2010,「朝陽洞文化 晚期의 무덤 構造」『考古學探究』第8號, 考古學探究會.

한 교통의 요충지임과 동시에 철 원료 생산지로 보았다. 북동유적 축조집단의 성격은 단야구와 각종 무기류로 보아 달천광산을 배경으로 신라에 철제무기를 생산·공급 하였던 공인집단인 것으로 판단하였다.[18]

북동유적의 묘제를 상세하게 분석하여 묘제별 특성과 축조집단의 위계 변화를 설명한 연구로서 나름대로 시사하는 바가 있다. 그러나 철기생산은 探鑛·製鍊·鎔解·精鍊·鍛冶 등의 여러 공정을 거친다. 鍛冶具는 북동유적 뿐만 아니라 울산지역에 분포한 고분군과 경주 및 주변지역의 고분군에서 넓게 확인된다. 고분에 부장된 단야구는 단야공방에서 사용된 도구의 일부분이다. 울산지역에 분포하는 제철유적과 고분에서 출토된 금속유물을 종합 분석한다면 북동유적의 성격을 보다 명확하게 할 수 있을 것이다.

성민호는 울산지역 목관묘의 구조와 유물 부장양상을 3기로 나누어 각 시기별 특징을 살펴보았다. 목관묘의 구조는 묘광의 평면형태와 면적, 목관의 종류, 주구 등으로 구분하였으나 시기에 따라 큰 변화를 보이지 않았다.

부장유물은 크게 토기류, 철기류, 청동기류로 나누었다. Ⅰ기는 모두 무문토기이고 철기류의 부장양이 많지 않으며 종류 또한 다양하지 못하다. 청동기는 일부 목관묘에 제한적으로 부장되었다. Ⅱ-1기는 주요 기종들이 와질로 변화하고 철기류의 부장 비율이 토기류 보다 월등히 높아진다. 달천 철광석이 경주로 유입되고, 사로국에 복속된 원인으로 판단하였다. Ⅱ-2기는 유물 부장양과 부장품의 종류가 감소하며, 더 이상 청동기를 부장하지 않는다.[19]

삼한시대 울산지역 목관묘 축조집단의 성격을 밝히고자 노력하였다. 삼한시대 목관묘는 기원을 전후 한 시기의 주묘제이다. 울산지역 목관묘는 태화

---

18) 최수형, 2015, 「울산약사동북동유적 삼국시대 고분군의 변천과 성격」 『新羅文化』 第46輯, 東國大學校 新羅文化研究所.

19) 성민호, 2010, 「삼한시대 울산지역의 목관묘 축조집단 연구」, 울산대학교 대학원 석사학위논문.

강, 동천강, 회야강 주변의 나지막한 구릉에 조성되었다. 목관묘에 이어 목곽묘가 축조되면서 보다 많은 금속유물을 부장하였다. 금속유물의 조성비와 출토유물 조합상 등을 보다 견치하게 정리한다면 집단의 성격이 자세하게 드러날 것으로 생각한다.

지금까지의 연구 결과를 종합해 보면 울산지역이 일찍부터 신라사의 일원인 것으로 인식되어온 바가 크다. 『삼국사기』에 따르면 울산지역은 1세기 말 내지 2세기 초(B.C.80~112)에 신라에 服屬되었다.[20] 이는 역사자료의 부족과 문헌사에 의존한 바가 컸기 때문이라고 볼 수 있다.

울산과 경주는 선사시대부터 여러 가지 공통의 문화요소를 많이 간직하고 있었다. 1990년대까지는 개발 사업에 후행하여 유적이 발굴조사 되면서 이미 훼손된 상태로 극히 일부분만 성격을 파악할 수 있었다. 따라서 울산지역의 고대사에 대한 연구는 제한될 수밖에 없었으며, 신라와의 관계를 고려하는 것도 불가피하였다.

이러한 점에서 본다면 하대유적은 학술조사 된 자료로서 그 의미와 가치가 매우 크다고 할 수 있다. 발굴조사 결과 후기 와질토기문화가 확인되어 삼한시대 연구에 새로운 전기를 마련하였다. 이후에 다운동과 중산동, 삼정리 등에서 고분군이 발굴조사 되었고 울산지역의 단위집단의 성격이 조금씩 드러나게 되었다.

이상의 연구들이 울산의 고대사를 살피는 데 一助를 한 것은 분명하다. 하지만 남겨진 문제도 있다. 우선 울산지역 지배집단의 성격이 완전하게 밝혀지지 못하였다. 그간의 연구는 대부분 單位遺蹟 중심으로 이루어져 왔다. 울산지역의 고분을 종합 검토할 필요가 있다.

다음으로 울산이 신라에 편입되는 과정을 규명하지 못하였다. 그동안 울산은 신라에 포함시켜서 연구되었다. 울산에 분포하는 고분과 주변지역의 고

---

20) 『三國史記』券44, 列傳 第4, 居道傳.
　　『三國史記』券34, 지리지 1, 양주 임관군.

분을 비교분석하여 시·공간별로 나누어 살펴보아야 한다.

마지막으로 울산의 고유문화가 명확하게 제시되지 못하였다. 울산은 김해·부산지역과 경주지역의 고분요소를 포함하고 있다. 주변지역의 문화와 공통점도 있지만 고유문화가 형성되어 있었다.

최근에 고고학 조사가 폭발적으로 증가하여 이들 자료를 토대로 이 지역의 고대문화에 대한 연구를 진행할 수 있게 되었다. 따라서 본 연구는 고분 자료를 통하여 울산지역 고대문화의 성격을 파악함과 동시에 이를 바탕으로 이 지역 지배집단의 성격을 밝히고자 한다.

2. 연구 목적과 방법

영남지방이 청동기시대 이후 거둔 가장 큰 고고학 성과는 와질토기문화의 확인이다. 특히 진·변한의 정치체를 이야기할 때, 기준이 되는 것은 2세기 후반 후기 와질토기문화이다. 후기 와질토기 단계부터 대형 목곽묘가 등장하며, 철기유물의 집중화 현상도 함께 나타난다.

울산은 후기 와질토기문화의 중심에 위치하고 있다. 다양한 종류의 토기와 철기가 대형 목곽묘에 부장되었다. 고분의 구조에서 변화를 보이며, 울산지역 정치체의 동향도 살펴볼 수 있다. 주변의 경주와 김해·부산지역은 고대문화에 대한 연구가 괄목할만한 성과를 이루었고 나아가 고대사 복원단계에 이르렀다. 울산도 이에 버금가는 고고자료를 축적하였지만 아직 연구가 미진하다. 이에 울산지역을 연구대상으로 삼게 되었다.

삼국시대는 삼국이 형성된 시점부터 신라가 삼국을 통일한 668년까지이다. 『三國史記』 기록에는 신라·고구려·백제가 기원전 57년, 37년, 18년에 각각 건국되었다. 영남지방의 전기 와질토기 단계에 해당한다. 이 단계는 지역별로 여러 단위 정치체가 출현하는 시기이다. 이러한 여러 단위 정치체는 연합을 이루거나 중심 정치체에 흡수·통합되어 간다. 삼국시대 영남지방은 신라와 가야가 3세기 후반부터 묘제에서 뚜렷한 차이를 보이며 병존한다. 삼국통일이 이루어지기 직전 7세기 전반까지 지역별 특징을 간직하고 있다. 따라서 연구의 중심시기는 3세기 후반~7세기 전반까지이다.

고분은 구조와 규모, 부장유물 등에서 위계화를 이루며, 집단의 성격을 반영하고 있다. 고분의 구조는 평면형태, 축조방법, 바닥시설, 규모는 소·중·대형, 부장유물은 무구·무기류, 농공구류, 장신구류, 토기류 등으로 다양하다. 뿐만 아니라 울산지역 고분은 시·공간별로 차이를 보이며, 신라와 가야의 관계를 엿볼 수 있다. 그동안 연구 자료가 부족하여 알 수 없었던 울산의 고대문화를 조명하는 것이 이 책의 큰 목적이다.

본문은 크게 다섯 장으로 구성하였다. 먼저 Ⅱ장은 울산의 자연 지형과 고분군의 분포 양상이다. 울산지역은 한반도 남동부에 위치한다. 동쪽은 동해와 접하고, 서쪽은 해발 1,000m 이상의 산줄기로 연결되어 있어서 동쪽과 서쪽이 자연 경계를 이룬다. 남쪽과 북쪽은 구조곡으로 이어지고, 동쪽과 서쪽은 하천을 따라 동해에 이른다.

태화강이 울산의 중심부를 관통하면서 남쪽과 북쪽으로 크게 나누어져 있다. 동쪽은 동천강과 울산-경주간 구조곡, 서쪽은 울산-양산간 구조곡, 남쪽은 회야강과 수영강을 따라 부산-울산간 구조곡이 형성되어 있다. 구조곡과 강은 내륙과 바다를 잇는 통로이며, 인간과 문화의 이동 경로라는 점에서 매우 중요하다. 이렇게 분리된 지형을 따라 고분문화에서도 차이를 보이고 있다.

따라서 공간 범위는 울산지역으로 유입되는 하천의 본류 및 지류의 주변으로 설정하였으며, 네 개의 권역으로 나누어 살펴보고자 한다.

Ⅲ장은 묘제 분석과 유형 설정이다. 묘제별로 의미 있는 속성을 추출하여 분석·조합하고자 한다. 고분의 속성은 평면형태, 면적, 축조방법, 바닥시설, 유물 부장양상 등이 있지만 울산지역 목곽묘와 석곽묘는 평면형태, 출토유물 조합상, 석실묘는 玄室의 장단축비와 출입구의 위치, 1次 屍床의 위치가 의미를 가진다.

평면형태는 고분 내부의 피장자와 목관 및 목곽, 부장유물의 수와 규모 등 여러 가지 요소에 따라 결정된다. 시·공간성을 함께 가장 잘 보여주는 속성이다. 출토 유물은 다양하지만 피장자 성격을 정확히 보여주는 금속유물을 주목하되 하나의 유물을 형식 분류 하는 것이 아니라 유물 상호간의 조합을 따져 피장자의 정치 사회 성격을 찾고자 한다.

출토 유물 조합상은 武具類·馬具類·農工具類·裝身具類·土器類 등 여러 종류로 나누어진다. 고분에는 피장자의 생전 생활이 사후에도 이어진다고 믿고 많은 부장품을 넣는다. 부장품은 지배자의 권위를 상징하며, 당시의 문화를 연구하는 데 중요한 자료가 된다. 특히 계층화되거나 위계화 된 사회구조를 파악할 수 있다.

석실묘는 현실의 장단축비가 장방형에서 점차 방형으로 변하며, 출입구의 위치에 따라 1차 시상의 위치도 연동하는 경향을 보인다. 單槨式 또는 單葬에서 多槨式의 多葬 개념이 수용되면서 평면형태도 많은 사람을 효율성 있게 안치하고, 출입하기 편리한 실용 구조로 변화되었다.

목곽묘와 석곽묘는 출토 유물 조합상, 석실묘는 출입구의 위치를 기준으로 유형 설정하였다. 묘제별 분석 속성들은 구조·기능·사회의 의미를 담고 있다. 분석방법은 히스토그램을 작성하여 비교·분석하였다.

Ⅳ장은 고분의 단계 설정과 편년이다. 시간성을 민감하게 반영하면서 고분에 가장 오랫동안 부장되는 것은 토기이다. 그 중에서도 고배가 가장 유효한 대상이 되므로 울산지역의 다양한 고배를 편년의 축으로 삼고자 한다.

고배의 속성은 대각과 배신부의 형태 변화를 주목하였다. 토기 제작기술의 발전과 함께 생산 시스템을 이해할 수 있기 때문이다. 臺脚은 曲線度, 杯身部는 口緣端의 內傾度를 기준으로 분석하였다. 상대서열은 토기 型式의 공반 관계와 유구의 중복관계, 편년은 기존 연구를 반영하였다.

Ⅴ장은 고분의 전개 양상과 시기별 특징이다. 고배의 형식으로 나눈 단계에 따라 고분의 전개양상을 살펴보고자 한다. 단계별로 목곽묘, 석곽묘, 석실묘의 유형과 형식이 조금씩 다르게 나타난다. 그리고 특정 시기에 새로운

묘제가 등장하는 모습을 보인다. 따라서 새로운 묘제의 출현을 기점으로 劃期할 수 있다.

Ⅵ장은 울산지역 고분의 성격이다. 공간으로 나눈 圈域과 시간으로 구분한 편년을 바탕으로 해서 고분 변화의 의미를 찾아보고자 한다. 권역별로 고분의 전개양상에서 차이를 보이며, 중심 고분군과 주변 고분군 간의 位階化 양상도 나타난다. 울산지역 고분을 특징짓는 요소가 있으며, 신라·가야의 요소도 관찰된다.

끝으로 울산지역에 어떠한 單位集團이 존재하였는지 파악하고 성장과 변동에 대해서 알아본다. 정치체의 등장 시점에 목곽묘의 면적과 출토 유물 조합상을 검토하여 어느 정도의 지위에 있었는지 살펴본다. 이는 동시기의 김해 대성동·양동리, 부산 노포동, 경주 황성동, 포항 옥성리에서 조사된 상위의 고분과 함께 살펴봄으로써 그 성격을 보다 명확하게 할 수 있다.

사실 그대로 믿기 어려운 『삼국사기』 초기 기록과 부족한 문헌기록을 대신하여 울산지역 삼국시대 고분문화를 정립하고, 그 결과를 이용하여 이 지역의 초기 역사의 일단을 밝히고자 한다.

본 연구는 필자의 기존 연구논문[21]을 기초로 하였다.

---

21) 권용대, 2010, 「고대 울산 중산동 지배집단의 성격」 『嶺南考古學』 53, 영남고고학회.
   권용대, 2011, 「울산지역의 4~5세기 목곽묘 연구」 『야외고고학』 12, 한국문화재조사연구기관협회.
   권용대, 2012, 「울산지역의 삼국시대 석곽묘 연구」 『야외고고학』 15, 한국문화재조사연구기관협회.
   권용대, 2016, 「울산의 고분문화」 『삼국·통일신라시대의 울산』, 蔚山文化財研究院.

II
울산의 자연 지형과 고분군 분포 양상

1. 울산의 자연 지형

울산은 한반도 남동부에 위치한다. 동쪽의 三台枝脈과 서쪽의 洛東正脈, 그 사이에 致述嶺(해발 767m), 國讐峰(해발 603m), 無鶴山(해발 343m)으로 이어지는 지맥이 남북으로 縱走하고 있다. 북쪽의 虎尾枝脈, 태화강과 회야강 사이의 南巖枝脈, 남쪽의 湧天枝脈에서 분기하여 三角山(해발 469m), 紡毛山(해발 155m), 鳳臺山(해발 229m)으로 이어지는 지맥은 동서로 뻗어있다.[22]

서쪽에 위치한 낙동정맥은 강원도 태백 九峰山(해발 902m)에서 부산 다대포 沒雲臺에 이르는 산줄기로 낙동강의 동쪽에 있다. 高獻山(해발 1,034m),

---

[22] 조선 후기에 편찬된『山經表』는 백두산에서 시작하여 1개의 大幹과 1개의 正幹, 13개의 正脈을 분류하여 표로 작성하였다. 산경표에서는 산줄기가 分水界를 이루어 하천과 하천을 구분하는 역할을 한다. 이런 점에서 산경표의 산지 인식 체계는 하천을 중심으로 형성된 생활권과 문화권을 파악할 수 있다. 현대에는 산경표를 바탕으로 보다 면밀하게 분석한『신 산경표』가 활용되고 있다.
박성태, 2010,『신 산경표』, 조선매거진.

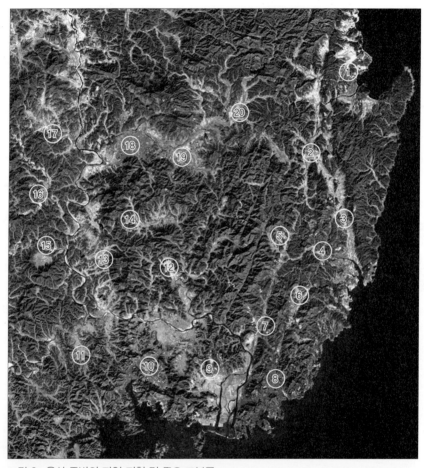

그림 3. 울산 주변의 자연 지형 및 주요 고분군
(1: 포항 옥성리, 2: 경주 황남동, 3: 울산 중산동, 4: 울산 다운동, 5: 울산 차리, 6: 울산 대대리, 7: 양산 북정동, 8: 부산 복천동, 9: 김해 대성동, 10: 창원 도계동, 11: 함안 도항리, 12: 밀양 완산동, 13: 창녕 교동, 14: 청도 성곡리, 15: 합천 옥전, 16: 고령 지산동, 17: 성주 성산동, 18: 대구 비산동, 19: 경산 임당동, 20: 영천 완산동)

加智山(해발 1,241m), 天皇山(해발 1,189m), 載藥山(해발 1,119m), 靈鷲山(해발 1,081m) 등 해발 1,000m 이상의 산지가 청도, 밀양과 경계를 이룬다. 양산시 물금읍에서 양산천 하곡을 따라 발달한 梁山構造谷은 호미지맥에 의해 兄山江構造谷과 나누어져 있다. 따라서 울산의 북서쪽은 호미지맥, 서남쪽은 낙동정맥의 영축산, 노상산(해발 343m), 鼎足山(해발 748m)에 의해 울산의 서남쪽을 경계 짓는다.

농쪽으로는 호미지맥의 경주 鳥項山(해발 596m)에서 분기한 삼태지맥이 三台峰(629m), 東大山(해발 446.7m), 舞龍山(해발 450.6m)을 지나, 麻骨山(해발 297m), 鹽浦山(해발 203m), 망계산(해발 85.3m)으로 이어진다. 北高南低의 지형을 이루며, 동쪽은 동해, 서쪽은 동천강으로 둘러싸여 있다. 동천강은 경주 외동읍 경동골에서 발원하여 울산 명촌동에 이르러 태화강에 합류된다. 동천강을 따라 형성된 울산-경주간의 구조곡[23]은 북동-남서로 이어지는 관문성(사적 제48호)에 의해 울산의 동북쪽 경계를 이룬다. 관문성은 울산만에서 경주로 들어가는 길목에 위치하며, 넓은 들판이 펼쳐진다.

북쪽으로는 호미지맥이 낙동정맥의 白雲山(해발 893m) 三江峰(해발 845m)에서 동쪽으로 분기하여 天馬山(해발 620.5m)과 치술령을 지나 포항의 호미곶까지 이어진다. 이 산줄기의 서쪽으로는 兄山江이 포항 영일만으로 흐른다. 낙동정맥과 삼태지맥 사이 호미지맥의 치술령에서 국수봉, 무학산으로 이어진 산줄기는 태화강을 사이에 두고 남암지맥의 문수산(해발 600m)과 마주하고 있다.

남쪽의 남암지맥은 낙동정맥의 鼎足山(해발 749m)에서 분기하여 南巖山(해발 544m), 문수산, 영축산(해발 352m), 三湖山(해발 126m), 돈질산(해발 89m)으로 이어진다. 태화강 하류에서 삼태지맥의 염포산과 마주하고 있다. 태화

---

23) 단층이나 습곡 등으로 형성된 골짜기이다. 대규모 지각변동을 받아 지층이나 기반암석에 틈새가 벌어진 형태로 길게 발달해 있다.
   한국지리정보연구회, 2004, 『자연지리학사전』, 한울아카데미.

강은 울산 상북면의 가지산·고헌산 등에서 발원하는 南川을 본류로 하여 언양·범서를 지나 울산만에서 동해로 빠져나간다. 낙동정맥의 영축산과 노상산 사이는 양산구조곡이 남동-북서 방향으로 형성되어 있다. 울산 삼남면과 양산 하북면이 낙동정맥에 의해서 경계를 이룬다. 양산 하북면 지산리의 영취산에서 발원한 양산천은 上北面과 山幕洞을 거쳐 김해 대동면 월촌리의 낙동강으로 흘러든다. 양산천 하류에는 넓은 충적 평야가 형성되어 있다.

용천지맥은 낙동정맥의 千聖山(해발 922m) 남쪽에서 분기하여 聳天山(해발 545m), 삼각산을 거쳐 봉대산으로 이어져 울산과 양산, 기장의 경계를 이룬다. 남암지맥과 용천지맥 사이로는 양산 천성산 무지개폭포에서 발원하여 울산 웅촌면과 청량면을 지나 남쪽으로 방향을 바꾸어 흐르면서 온양읍 대운산에서 흐르는 남창천과 합류하여 동해로 흐른다. 동쪽은 西高東低의 지형으로 해발 200m 이하의 나지막한 구릉성 산지를 이루며, 회야강 유역에 소규모 평야가 발달해 있다. 용천지맥에 의하여 울산 회야강과 부산 수영강이 나누어지며, 구조곡도 구분된다. 현재의 행정구역상으로는 양산 웅상읍과 울산 웅촌면이 구분되어 있지만 지맥과 하천이 하나로 연결되어 있음을 알 수 있다.

울산은 이러한 지맥과 유역에 의하여 경계를 가지며, 크게 북·중·서·남부 네 개의 圈域으로 나눌 수 있다. 북부권역은 삼태지맥 주변으로 동천강의 동쪽에 위치한 중산동에서 동해안까지 이어진다. 중부권역은 동천강 서쪽에서 치술령, 국수봉, 무학산 줄기까지이며, 태화강 하류역에 해당한다. 서부권역은 낙동정맥과 남암지맥, 호미지맥으로 둘러싸여 있으며, 태화강 상류 구조곡 일대에 중심을 이루고 있다. 남부권역은 회야강 유역 주변으로 남암지맥과 용천지맥 사이에 해당하며, 동쪽은 동해와 접해 있다. 낙동정맥에서 분기한 지맥과 구조곡은 경계를 형성하였으며, 谷間地와 하천 유역을 따라 선사시대부터 많은 유적이 조성되었다.

2. 고분군 분포 양상

고분의 분포 현황을 살펴보면 170개소에서 이른다. 북부권역은 34개소, 중부권역은 22개소, 서부권역은 83개소, 남부권역은 31개소에 분포한다.

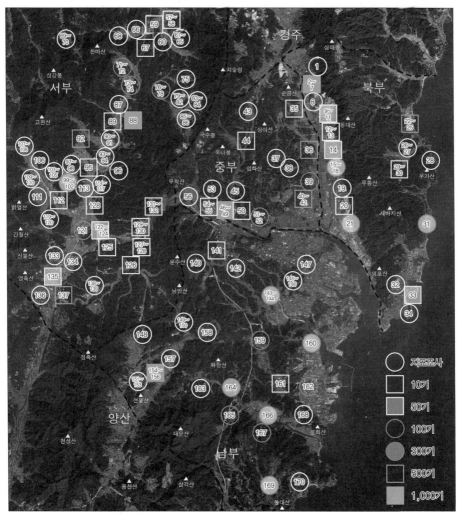

그림 4. 울산의 자연 지형과 고분 분포 현황

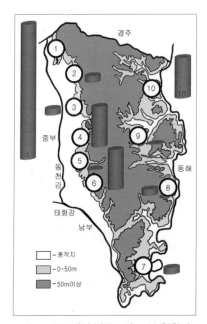

그림 5. 북부권역 발굴조사 고분 현황과 수량(1: 중산동, 2: 매곡동, 3: 창평동, 4: 송정동, 5: 효문동, 6: 율동, 7: 일산동, 8: 주전동, 9: 신현동, 10: 산하동)

이 가운데 77개소는 발굴조사, 3개소는 시굴조사, 90개소는 지표조사를 통하여 확인되었다. 시·발굴조사되어 성격이 어느 정도 파악된 고분은 북부권역 25개소, 중부권역 14개소, 서부권역 27개소, 남부권역 14개소이다. 발굴조사 된 고분의 수는 6,000여 기이다.

북부권역은 중산동, 매곡동, 호계동, 창평동, 송정동, 화봉동, 효문동, 산하동, 신현동, 주전동, 일산동에서 고분이 발굴조사 되었다.

이 가운데 가장 중심을 이루는 고분군은 중산동이다. 고분은 동쪽의 동천강과 서쪽의 삼태봉 사이 해발 30~170m 정도 범위에 넓게 분포한다. 서쪽의 동천강, 남쪽의 이화천, 북쪽의 갓안앞천에 의해 크게 6개(가~바) 지구로 나눌 수 있다. 이화천은 회양골에서 발원하여 西流하다가 동천강으로 유입된다. 갓안앞천은 안말골에서 발원하여 대체로 南西流하다가 이화천에 합류한다.

갓안앞천과 이화천 사이 '가'지구에는 중산동 547-1유적,[24] 중산동 542 유적,[25] 중산동 543유적,[26] 중산동 543-4번지 유적, 중산리유적 Ⅱ · Ⅴ ·

---

24) 蔚山文化財研究院, 2008, 『蔚山中山洞547-1遺蹟』.

25) 蔚山文化財研究院, 2011, 『蔚山中山洞542遺蹟』.

26) 蔚山文化財研究院, 2005, 「蔚山中山洞543遺蹟」『蔚山玉洞遺蹟』.

Ⅶ지구[27] 등이 분포한다. 547-1유적과 542유적에서 삼한·삼국시대 목관묘와 목곽묘, 중산리유적 Ⅶ지구에서 삼한시대 목곽묘, Ⅱ·Ⅴ지구에서 삼국시대 목곽묘, 석곽묘, 석실묘, 옹관묘 등 60여 기가 조사되었다.

이화천 남쪽과 동천강 사이 '나'지구에는 중산리유적 Ⅰ·Ⅳ·Ⅷ지구,[28] 중산동고분군,[29] 중산동 615번지 유적,[30] 중산동 613-3번지 유적[31] 등이 분포한다. 중산리유적 Ⅰ·Ⅳ지구는 아파트 건설공사 진행 중에 유물이 발견되어 발굴조사를 실시하였다. 따라서 유적의 중앙 부분은 이미 파괴된 상태였다. 고분은 해발 38~50m선 江岸 低地帶를 따라 집중되어 있으며, 삼한·삼국시대 목곽묘, 석곽묘, 석실묘, 옹관묘 등이 중복관계를 가지면서 연속으로 축조되었다. 중산리유적 Ⅰ지구는 A~F지구로 세분되며, Ⅳ지구에서 삼한·삼국시대 목곽묘 10기, 석곽묘 21기, 석실묘 1기, Ⅷ지구에서 목곽묘 68기, 석곽묘 16기, 석실묘 2기, 옹관묘 6기, 매납유구 6기 등이 조사되었다.

갓안앞천 下流 북쪽 '다'지구는 중산동고분군에서 가장 북쪽에 위치한다. 중산리유적 Ⅵ지구가 해당되며, 횡구식 석실묘 2기와 횡혈식 석실묘 1기를 조사하였다. 이화천 中流 '라'지구에는 중산리유적 Ⅲ지구가 위치한다. 발굴조사 결과 목곽묘, 석곽묘, 석실묘 등 19기가 확인되었으며, 횡혈식 석실묘가 중심을 이룬다. 이화천 上流 '마'지구에는 중산동 산96유적 Ⅲ지구, '바'지구에는 중산동 산96유적 Ⅱ지구가 위치한다. 발굴조사 결과 석곽묘와 횡혈

---

27) 昌原大學校博物館, 2006, 『蔚山 中山里遺蹟Ⅰ』.
    昌原大學校博物館, 2006, 『蔚山 中山里遺蹟Ⅱ~Ⅳ』.
    昌原大學校博物館, 2012, 『蔚山 中山里遺蹟Ⅵ』.

28) 昌原大學校博物館, 2007, 『蔚山 中山里遺蹟Ⅴ』.
    昌原大學校博物館, 2014, 『蔚山 中山里遺蹟Ⅶ』.

29) 蔚山文化財研究院, 2011, 『蔚山中山洞古墳群』.

30) 울산발전연구원 문화재센터, 2014, 『울산 중산동 615번지 유적』.

31) 韓國文化財團, 2015, 「울산 중산동 613-3번지 유적」『2012년도 소규모 발굴조사 보고서Ⅷ-울산-』.

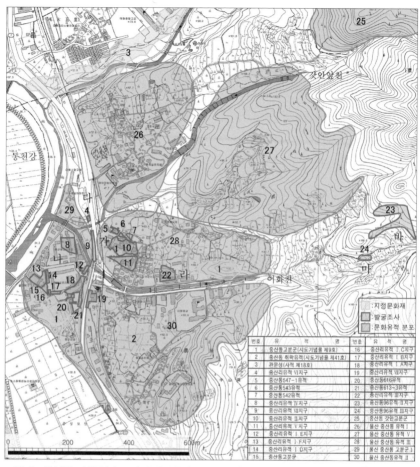

지정문화재
발굴조사
문화유적 분포

번호	유 적 명	번호	유 적 명
1	중산동고분군(시도기념물 제9호)	16	중산리유적 I C지구
2	중산동 취락유적(시도기념물 제41호)	17	중산리유적 I B지구
3	관문성(사적 제18호)	18	중산리유적 I A지구
4	중산리유적 VI지구	19	중산리유적 VII지구
5	중산동547-1유적	20	중산동616유적
6	중산동543유적	21	중산동613-3유적
7	중산동542유적	22	동산리유적 III지구
8	중산리유적 IV지구	23	중산동96유적 II지구
9	중산리유적 VIII지구	24	중산동96유적 III지구
10	중산리유적 II지구	25	중산동 갓안고분군
11	중산리유적 V지구	26	울산 중산동 유적 I
12	중산리유적 I E지구	27	울산 중산동 유적 V
13	중산리유적 I F지구	28	울산 중산동유적 III
14	중산리유적 I D지구	29	울산 중산동 고분군 I
15	중산동고분군	30	울산 중산동유적 II

그림 6. 중산동고분군 분포도(1/10,000)

식 석실묘가 확인되었다. ‘마’지구는 구릉 남쪽 사면부에 밀집되어 있고, ‘바’ 지구는 구릉 능선의 남쪽 사면에 횡혈식 석실묘 1기만 단독으로 조성되었다.

매곡동유적은 동천강과 합류하는 매곡천의 상류 동쪽에 접해 있다. 발굴 조사 결과 횡구식 석실묘 1기가 확인되었다.[32] 호계동·매곡동 복합유적은

---

32) 蔚山文化財硏究院, 2005, 『蔚山梅谷洞遺蹟 I 地區』.

매곡천과 합류하는 마동천의 중류 남쪽에 접해 있다. 발굴조사 결과 적석목곽묘 16기, 석곽묘 1기, 석실묘 1기 등이 확인되었다.[33] 호계동28-1유적은 동천강과 합류하는 호계천 상류 남쪽에 인접해 있다. 발굴조사 결과 목곽묘 2기가 확인되었다.[34]

창평동 810번지유적은 동천강과 합류하는 송정천 하류의 북쪽에 인접해 있다. 발굴조사 결과 목관묘 10기, 토광묘 4기, 옹관묘 7기 등이 확인되었다.[35] 송정동 복합유적은 동천강에 합류하는 북쪽의 송정천과 남쪽의 명촌천 사이에 위치한다. 발굴조사 결과 목곽묘, 석곽묘, 석실묘 등 170기가 확인되었다.[36] 연암·화봉동 유적은 동천강과 합류하는 명촌천 상류 남쪽에 접해 있다. 발굴조사 결과 석곽묘 29기, 석실묘 4기, 옹관묘 1기가 확인되었다.[37]

효문동 죽전곡유적은 동천강으로 유입되는 연암천의 중류 남쪽에 인접해 있다. 발굴조사 결과 횡구식 석실묘 1기가 확인되었다. 효문동율동 유적은 동천강의 하류 동쪽에 인접해 있다. 발굴조사 결과 목곽묘 76기, 석곽묘 36기, 횡구식 석실묘 1기, 옹관묘 14기가 확인되었다.[38]

일산동고분군은 일산만의 북서쪽 구릉에 위치한다. 발굴조사 결과 토광묘 6기, 석곽묘 12기, 횡구식 석실묘 9기, 옹관묘 2기가 확인되었다.[39] 주전동 중마을 고분군은 동해와 합류하는 주전천 하류의 북쪽 구릉에 위치한다. 발굴조사 결과 석곽묘 4기, 횡구식 석실묘 10기 등이 확인되었다.[40] 신현동유

33) 東亞細亞文化財研究院, 2011, 『蔚山 虎溪·梅谷洞 複合遺蹟』.

34) 蔚山文化財研究院, 2016, 『蔚山虎溪洞28-1遺蹟』.

35) 우리문화재연구원, 2012, 『蔚山 倉坪洞 810番地 遺蹟』.

36) 東亞細亞文化財研究院, 2015, 『蔚山 松亭洞 複合遺蹟 Ⅰ~Ⅵ』.

37) 우리문화재연구원, 2012, 『蔚山 蓮岩·華峰洞 遺蹟』.

38) 蔚山文化財研究院, 2006, 『蔚山孝門洞栗洞遺蹟 Ⅱ·Ⅲ』.

39) 昌原大學校博物館, 1998, 『蔚山 日山洞古墳群』.

40) 蔚山文化財研究院, 2009, 『蔚山朱田洞중마을古墳群』.

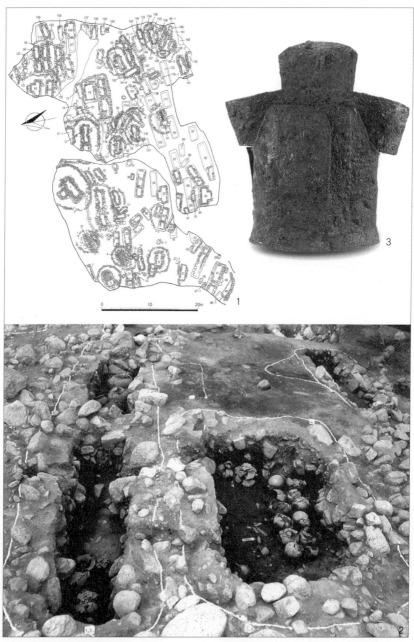

그림 7. 중산리 ⅠA지구 유구 배치도(1) 및 74·75호 유구(2), 75호 출토 갑옷(3)

적은 동해로 유입되는 정지천 상류 북쪽에 인접해 있다. 발굴조사 결과 목곽묘 1기가 확인되었다.[41]

산하동유적은 동해로 유입되는 남쪽의 산하천과 북쪽의 신명천 사이에 동해와 접해 있다. 발굴조사 결과 토광묘 3기, 목곽묘 71기, 석곽묘 138기, 석실묘 15기, 옹관묘 8기 등이 확인되었다.[42] 산하동 화암유적은 산하동유적의 북쪽에 위치한다. 발굴조사 결과 목곽묘, 석곽묘, 석실묘, 옹관묘 등 92기가 확인되었다.[43]

중부권역은 구영리, 다운동, 유곡동, 약사동, 장현동, 상안동, 천곡동 등에서 고분이 발굴조사 되었다. 이 가운데 중심 고분군은 다운동에 분포한다.

다운동고분군은 태화강과 척과천 사이의 구릉에 넓게 조성되어 있다. 북쪽에서 남쪽으로 뻗은 구릉의 동쪽 사면을 따라 고분들이 열 지어 분포한다. 고분군은 크게 네 개의 구릉에 나

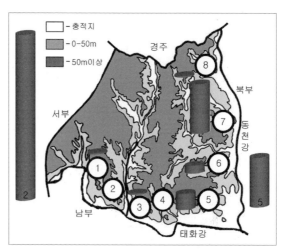

그림 8. 중부권역 발굴조사 고분 현황과 수량(1 : 구영리, 2 : 다운동, 3 : 다운동 운곡, 4 : 유곡동, 5 : 약사동, 6 : 장현동, 7 : 상안동, 8 : 천곡동)

41) 中央文化財研究院, 2003, 『蔚山 新峴洞遺蹟』.
42) 蔚山文化財研究院, 2014, 『蔚山山下洞遺蹟 I～V』.
43) 울산발전연구원 문화재센터, 2011, 『울산 산하동 화암유적』.
   울산발전연구원 문화재센터, 2011, 『울산 산하동 화암고분군』.
   東西文物研究院, 2012, 『蔚山 山下洞 花岩遺蹟』.

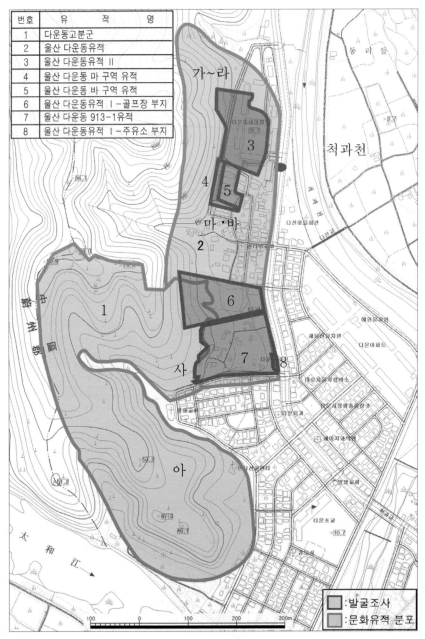

번호	유　　적　　명
1	다운동고분군
2	울산 다운동유적
3	울산 다운동유적 II
4	울산 다운동 마 구역 유적
5	울산 다운동 바 구역 유적
6	울산 다운동유적 I-골프장 부지
7	울산 다운동 913-1유적
8	울산 다운동유적 I-주유소 부지

■ :발굴조사
■ :문화유적 분포

그림 9. 다운동고분군 분포도(1/10,000)

누어져 있다.

가장 북쪽 구릉은 창원대학교 박물관과 신라대학교 박물관, 울산대학교박물관이 '가'~'라'구역으로 나누어 1995년 발굴조사를 실시하였다.[44] 발굴조사 결과 삼한·삼국시대 목관묘-옹관묘-목곽묘-석곽묘-석실묘 등이 203기 확인되었다. 목관묘는 묘광을 등고선 방향과 직교되게 굴착하였으며, 대부분 경사면 위쪽에 주구를 돌렸다. 나-19호는 통나무 목관을 안치하였다. 유물은 組合牛角形把手附壺와 鐵斧, 鐵鎌 등을 부장하였다.

두 번째 구릉은 울산발전연구원 문화재센터에서 마·바구역으로 나누어 2001~2003년 발굴조사를 진행하였다.[45] 발굴조사 결과 60기의 옹관묘-목곽묘-석곽묘-석실묘가 확인되었다.

세 번째 구릉은 골프연습장과 주유소, 아파트 부지에 해당하며, 1993, 1995, 2016년에 각각 발굴조사를 실시하였다.[46] 골프연습장 부지는 공사가 선행되면서 유적 대부분이 파괴된 상태로 확인되었다. 옹관묘-목곽묘-석곽묘 등 11기가 조사되었다.

네 번째 구릉은 시도기념물 제11호로 지정된 다운동고분군이 위치한다. 등산로로 이용되는 구릉의 능선을 따라 봉토분이 분포하며, 대부분 파괴된 상태로 노출되어 있다. 다운동고분군은 태화강 중류역의 고대문화 변천을 알수 있다. 고분의 축조는 목관묘, 목곽묘, 석곽묘, 석실묘 순으로 이루어졌다. 북쪽 '가'지구에서 남쪽 '아'지구로 묘역을 이동하면서 축조한 것으로 판

---

44) 俞炳一, 1996, 「蔚山 茶雲洞遺蹟」『第39回 全國歷史學大會 發表要旨』, 第39回 全國歷史學大會準備委員會.

45) 蔚山發展硏究院 文化財센터, 2003, 『蔚山 茶雲洞 마 區域 遺蹟』.
   蔚山發展硏究院 文化財센터, 2005, 『蔚山 茶雲洞 바 區域 遺蹟』.

46) 昌原大學校博物館, 2004, 『蔚山 茶雲洞 遺蹟 I』.
   昌原大學校博物館, 2006, 『蔚山 茶雲洞 遺蹟 II』.
   울산발전연구원 문화재센터, 2015, 『울산 다운동 913-1번지 일원 공동주택부지 문화재 발굴조사 부분완료 약보고서』.

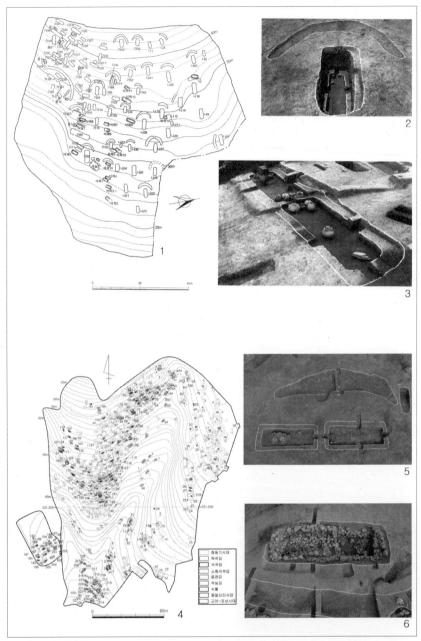

그림 10. 다운동유적 가구역 유구 배치도(1) 및 52호 목관묘(2), 60호 목곽묘(3)와 북동유
적 유구배치도(4), 57호 목곽묘(5), 18호 목곽묘(6)

단된다.

구영리유적은 태화강 중류의 북쪽에 인접해 있다. 발굴조사 결과 석곽묘 2기, 석실묘 3기가 확인되었다.[47) 유곡동·우정동유적은 태화강으로 유입되는 사곡천과 유곡천 사이에 위치한다. 발굴조사 결과 토광묘 2기, 목곽묘 16기, 석곽묘 47기, 석실묘 25기가 확인되었다.[48)

약사동유적은 동천강으로 유입되는 약사천 중류의 동쪽에 접해 있다. 발굴조사 결과 목곽묘, 석곽묘, 석실묘, 옹관묘 등 228기가 확인되었다.[49) 약사동 평산유적은 약사동유적의 남서쪽에 위치한다. 발굴조사 결과 목곽묘 18기, 석곽묘 1기, 석실묘 2기가 확인되었다.[50) 장현동유적은 동천강에 유입되는 장현천의 남쪽에 인접해 있다. 발굴조사 결과 목관묘 19기, 목곽묘 36기, 토광묘 4기, 옹관묘 16기, 석실묘 1기 등이 확인되었다.[51)

상안동고분군은 동천강으로 유입되는 상안천의 하류 남쪽에 위치한다. 발굴조사 결과 목곽묘 75기, 석곽묘 308기, 석실묘 1기, 옹관묘 5기 등이 확인되었다.[52) 천곡동 600-5번지 유적은 동천강에 유입되는 천곡천의 중류 동쪽에 위치한다. 발굴조사 결과 목관묘 4기가 확인되었다.[53)

서부권역은 봉계리, 활천리, 전읍리, 구미리, 하삼정, 서하리, 평리, 향산

---

47) 慶南大學校博物館, 2004, 『蔚山 九英里遺蹟』.
　　蔚山發展研究院 文化財센터, 2007, 『蔚州 九英里 遺蹟』.

48) 中央文化財研究院, 2012, 『蔚山 裕谷洞·牛亭洞遺蹟』.

49) 中央文化財研究院, 2012, 『蔚山 藥泗洞遺蹟』.
　　韓國文化財保護財團, 2013, 『蔚山 藥泗洞 遺蹟』.
　　蔚山文化財研究院, 2013, 『蔚山藥泗洞北洞遺蹟 Ⅰ~Ⅴ』.
　　蔚山文化財研究院, 2013, 『蔚山藥泗洞393·蔣峴洞53遺蹟』.

50) 蔚山文化財研究院, 2012, 『蔚山藥泗洞平山遺蹟 Ⅰ』.
　　蔚山文化財研究院, 2013, 『蔚山藥泗洞平山遺蹟 Ⅱ』.

51) 蔚山文化財研究院, 2013, 『蔚山蔣峴洞遺蹟 Ⅰ~Ⅳ』.

52) 울산발전연구원 문화재센터, 2015, 『울산 상안동 고분군 Ⅰ~Ⅲ』.

53) 울산발전연구원 문화재센터, 2013, 『울산 천곡동 600-5번지 유적』.

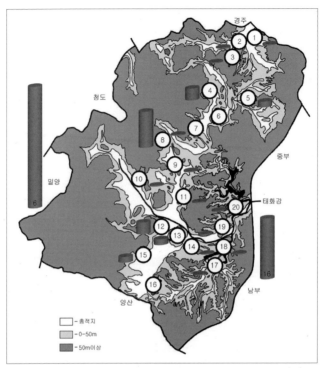

그림 11. 서부권역 발굴조사 고분 현황과 수량(1: 봉계리 계당, 2:
봉계리, 3: 활천리, 4: 전읍리, 5: 구미리, 6: 하삼정, 7: 서하리,
8: 차리, 9: 평리, 10: 향산리, 11: 직동리, 12: 교동리 13: 신화
리, 14: 구수리, 15: 가천리, 16: 조일리, 17: 하잠리, 18: 구수
리 대암, 19: 반천리, 20: 사연 · 반연리)

리, 직동리, 교동리, 신화리, 구수리, 하잠리, 반송리, 반천리, 사연리, 반연
리, 가천리, 조일리 등에서 고분이 발굴조사 되었다. 이외에 미호리, 차리,
지내리에서는 시굴조사가 이루어져 목곽묘와 석곽묘 등이 확인되었다. 이 가
운데 중심 고분군은 하삼정에 분포한다.

하삼정고분군은 대곡댐 건설 사업으로 발굴조사 되었다.[54] 대곡천 중류

---

54) 韓國文化財保護財團, 2009, 『蔚山 下三亭 古墳群 Ⅰ』.

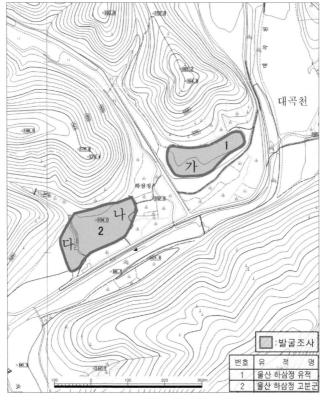

그림 12. 하삼정고분군 분포도(1/10,000)

의 북동쪽에서 남서쪽으로 곡류하는 북쪽 구릉 말단부 해발 102~122m 지점에 위치한다. 북동쪽 구릉을 '가', 남서쪽 구릉을 '나', '다'지구로 구분할 수 있다.

韓國文化財保護財團, 2010,『蔚山 下三亭 古墳群 Ⅱ』.
韓國文化財保護財團, 2011,『蔚山 下三亭 古墳群 Ⅲ·Ⅳ』.
韓國文化財保護財團, 2012,『蔚山 下三亭 古墳群 Ⅴ』.
韓國文化財保護財團, 2013,『蔚山 下三亭 古墳群 Ⅵ』.
韓國文化財保護財團, 2014,『蔚山 下三亭 古墳群 Ⅶ~Ⅸ』.

'가' 구릉은 동쪽에 밀집해서 삼한시대 목관묘 5기, 옹관묘 4기, 목곽묘 24기가 조사되었다. 유물은 주머니호, 대부광구호, 노형토기, 단경호 등의 토기류와 철검, 철모, 철촉, 철부, 재갈 등의 철기류, 옥류 등이다.

'나'·'다'지구에서는 삼국시대 목곽묘, 석곽묘, 옹관묘와 석실묘 등이 중복 또는 연접하여 축조되었다. 발굴조사 결과 970기가 확인되었다. '나'지구에는 삼한·삼국시대 목곽묘 128기, 옹관묘 9기, 석곽묘 748기, 석실묘 18기, '다'지구에는 삼국시대 목곽묘 1기, 석곽묘 49기, 석실묘 17기가 분포한다. 목관묘는 '가'지구, 목곽묘와 석곽묘는 '나'지구, 석실묘는 '다'지구에서 군집을 이루고 있다. 북동쪽 '가'지구에서 남서쪽 '나'지구, '다'지구로 묘역을 이동하면서 목관묘, 목곽묘, 석곽묘, 석실묘 순으로 전개되었음을 알 수 있다.

봉계리유적은 형산강과 합류하는 복안천의 하류 남쪽에 인접해 있다. 발굴조사 결과 석곽묘 1기, 석실묘 2기가 확인되었다.[55] 봉계리 계당유적은 형산강과 합류하는 중리 하류 동쪽에 위치한다. 발굴조사 결과 석곽묘 2기, 석실묘 2기가 확인되었다.[56] 활천리 열백들유적은 봉계리유적의 남쪽에 인접해 있다. 발굴조사 결과 석실묘 2기가 확인되었다.[57]

전읍리 갑골유적은 태화강과 합류하는 대곡천의 상류 서쪽에 위치한다. 발굴조사 결과 목곽묘 41기, 석곽묘 47기, 석실묘 10기, 옹관묘 1기가 확인되었다.[58] 구미리 709-3번지유적은 대곡천과 합류하는 주원천 하류 남쪽에 위치한다. 발굴조사 결과 목곽묘 41기, 옹관묘 2기가 확인되었다.[59] 서하리 대정유적은 대곡천과 합류하는 마병천의 하류 서쪽에 접해 있다. 발굴

---

55) 嶺南大學校博物館, 2000, 『蔚山鳳溪里遺蹟』.
56) 東西文物研究院, 2013, 『蔚山 蔚州 鳳溪里 桂堂遺蹟』.
57) 울산발전연구원 문화재센터, 2010, 『울주 활천리 열백들 유적』.
58) 부경문물연구원, 2013, 『蔚州 錢邑里 갑골遺蹟』.
59) 울산발전연구원 문화재센터, 2014, 『울주 구미리 709-3번지 유적』.

조사 결과 옹관묘 1기가 확인되었다.[60) 평리 425-9유적은 대곡천과 합류하는 반곡천 상류 남쪽에 위치한다. 발굴조사 결과 토광묘 2기가 확인되었다.[61)

향산리 청룡유적은 태화강으로 합류하는 남하강의 중류 동쪽에 위치한다. 발굴조사 결과 목관묘 1기가 확인되었다.[62) 직동리 335-1유적은 태화강과 합류하는 언양천 중류 동쪽에 인접해 있다. 발굴소사 결과 석곽묘 1기, 석실묘 1기가 확인되었다.[63) 교동리유석은 태화강 상류 남쪽에 위치한다. 발굴조사 결과 목관묘, 옹관묘, 석곽묘, 석실묘 등 103기가 확인되었다.[64) 신화리유적은 교동리유적의 남동쪽에 위치한다. 발굴조사 결과 목관묘, 옹관묘, 토광묘, 목곽묘, 석곽묘, 석실묘 등 45기가 확인되었다.[65)

구수리 277유적은 태화강과 만나는 삼동천 하류 남쪽에 위치한다. 발굴조사 결과 석실묘 1기가 확인되었다.[66) 구수리 대암유적은 대암호 북동쪽에 위치한다. 발굴조사 결과 석실묘 1기가 확인되었다.[67) 하잠리 221-10유적

---

60) 蔚山發展硏究院 文化財센터, 2007, 「蔚山 西河里 大亭遺蹟」『蔚山 茶雲洞 대골遺蹟」.

61) 蔚山文化財硏究院, 2009, 『蔚山平里425-9遺蹟』.

62) 蔚山文化財硏究院, 2005, 『蔚山香山里靑龍遺蹟』.

63) 울산문화재연구원, 2016, 「울주군 언양읍 직동리 335-1번지 소매점 신축부지 내 유적 정밀발굴조사 약식보고서」.

64) 東亞大學校 博物館, 2000, 『彦陽校洞里遺蹟』.
    蔚山文化財硏究院, 2013, 『蔚山校洞里遺蹟Ⅲ』.

65) 울산발전연구원 문화재센터, 2013, 『울주 신화리유적 Ⅱ』.
    경남문화재연구원, 2009, 『경부고속철도 울산역사 증용부지내 울주 신화리 유적』.
    東亞大學校 博物館, 2011, 『蔚山新華里遺蹟Ⅱ』.
    한국문물연구원, 2011, 『경부고속철도 울산역사 증용지(E·E-1지구)내 彦陽 新華里遺蹟』.
    한국문물연구원, 2012, 『울주 경부고속철도 울산역사 광장부지 내 彦陽 新華里遺蹟(2)』.

66) 蔚山文化財硏究院, 2011, 「蔚山九秀里277遺蹟」『蔚山中山洞542遺蹟』.

67) 蔚山文化財硏究院, 2009, 『蔚山九秀里大岩遺蹟』.

그림 13. 하삼정고분군 유구배치도(1) 및 115호 석곽묘(2), 94호 석곽묘(3)

은 대암호에 유입되는 보은천 하류 북쪽에 위치한다. 발굴조사 결과 석곽묘 4기가 확인되었다.[68]

천소유적은 태화강과 둔기천이 만나는 북서쪽 구릉에 위치한다. 발굴조사 결과 석곽묘 5기가 확인되었다.[69] 사연리 늠네유적은 태화강과 만나는 대곡천의 하류 서쪽 구릉에 위치한다. 발굴조사 결과 옹관묘 3기가 확인되었다.[70] 반연리유적은 늠네유적의 북서쪽에 위치한다. 발굴조사 결과 석실묘 2기가 확인되었다.[71]

가천리유적은 삼동천과 합류하여 태화강으로 유입되는 상천천 상류인 심천저수지의 남동쪽 구릉에 위치한다. 발굴조사 결과 목곽묘 12기, 석곽묘 19기 등이 확인되었다.[72] 조일리고분군은 보은천과 합류하여 대암호로 유입되는 방기천 하류 북쪽 구릉에 위치한다. 발굴조사 결과 목곽묘, 석곽묘, 석실묘, 옹관묘 등 323기가 확인되었다.[73] 울주 조일리유적Ⅰ에서는 목관묘 7기, 옹관묘 7기가 확인되었다.[74]

남부권역은 무거동, 두왕동, 양동, 처용리, 덕신리, 화산리, 온산, 대대리, 삼광리, 운화리, 발리, 대안리, 명산리 등에서 고분이 발굴조사 되었다. 이 가운데 중심을 이루는 고분군은 대대리이다. 대대리고분군은 회야강을 따

---

68) 蔚山文化財研究院, 2010, 「蔚山荷岑里221-10遺蹟」『蔚山中山洞798-2遺蹟』.

69) 蔚山大學校博物館, 2004, 『蔚山 泉所遺蹟』.
   蔚山文化財研究院, 2015, 『蔚山盤松里山37-6遺蹟』.

70) 蔚山文化財研究院, 2003, 『蔚山 泗淵里 늠네遺蹟』.

71) 울산발전연구원 문화재센터, 2010, 『울주 반연리 유적』.

72) 울산문화재연구원, 2016, 「고속국도 제14호선 밀양-울산 건설공사구간 내 울주가천리유적 발굴(정밀)조사 약식보고서」.

73) 蔚山大學校博物館, 2001, 『울산조일리고분군Ⅰ』.
   울산대학교박물관, 2013, 『울산 조일리고분군Ⅱ』.
   國立昌原文化財研究所, 2000, 『蔚山早日里古墳群』.

74) 울산문화재연구원, 2017, 「고속국도 제14호선 밀양-울산 건설공사구간 내 울주 상천리 추정 매장문화재지역Ⅰ·울주 조일리유적Ⅰ 발굴조사 결과보고서」.

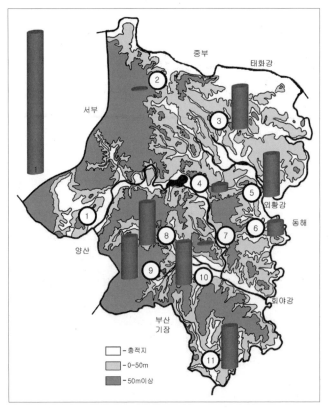

그림 14. 남부권역 발굴조사 고분 현황과 수량(1: 대대리, 2: 무거
동, 3: 두왕동, 4: 양동 5: 처용리, 6: 온산·화산리, 7: 덕신리,
8: 삼광리, 9: 운화리, 10: 대안·발리, 11: 명산리)

라 북동–남서 방향으로 뻗어 있는 구릉의 동쪽 상대, 중대, 하대, 저리에 나
누어져 분포한다.

상대고분은 시도기념물 제33호로 지정되어 있으며, 가장 남쪽에 위치한
다. 이 고분은 정식으로 발굴조사가 이루어지지 않아 내부구조나 시기 등
을 정확하게 알 수 없으나 봉토분과 함께 고분군이 넓게 형성되어 있다. 중
대고분은 구릉 상단에 주택신축을 계획하면서 2004년 발굴조사가 이루어

졌다.[75] 발굴조사 결과 삼한시대 목관묘 1기, 삼국시대 목곽묘 5기, 석곽묘 31기, 횡구식석실묘 4기 등이 확인되었다.

하대고분은 크게 북쪽 '나'지구와 남쪽 '다'지구 두 개의 구릉으로 나누어진다. '나'지구는 구릉 능선부를 따라 부산대학교박물관에 의해 학술발굴조사가 실시되었다.[76] 발굴조사 결과 목곽묘 81기, 옹관묘 8기 등이 확인되었다. '나'지구 구릉 말단부 평지에는 시도기념물 제 20호인 대대리고분이 위치하고 있다. 봉토분으로 발굴조사가 이루어지지 않아 정확한 성격은 알 수 없다.

'다'지구 하대고분군 I 은 구릉 끝자락에 공사를 실시하면서 유구의 일부가 노출되어 발굴조사를 실시하였다.[77] 발굴조사 결과 삼국시대 석곽묘 9기가 확인되었다. 발굴조사를 실시하기 이전에 토목공사가 완료되어 유구들은 대부분 파괴되고 일부만 남아 있었다. 장축방향은 등고선과 평행한 동-서이며, 대부분 한쪽 단벽을 제외한 전면에 시설하였다. 유물은 고배, 대부완, 단경호, 장경호, 대부장경호, 도, 모, 촉, 판상철모, 판상철정, 부, 겸, 도자 등을 부장하였다.

'가'지구 저리 고분은 구릉 능선을 따라 대형 봉토분이 밀집해서 분포하고 있다. 발굴조사가 이루어지지 않아 정확한 성격은 밝혀지지 않았다. '나'지구 삼한시대 목곽묘 단계부터 삼국시대로 이어지는 연속된 고분군으로 판단된다. 대대리 상대에서 저리에 이르는 전 지역에 고분이 형성되어 있음을 알 수 있다. 하대에는 3~4세기대의 목곽묘, 중대에는 5~6세기대의 목곽묘, 석곽묘, 석실묘, 상대와 저리에는 대형 봉토분이 분포한다. 봉분의 규모로 보아 이 일대에서 상당한 세력을 가졌던 지배계급으로 추정된다. 삼한·삼국시대에 이르는 당시의 문화는 물론 고대국가의 형성과정과 사회상을 알 수 있는

---

75) 蔚山文化財研究院, 2006, 『蔚山大垈里中垈遺蹟』.
76) 釜山大學校博物館, 1997, 『蔚山下垈遺蹟-古墳 I 』.
　　釜山大學校博物館, 1998, 『蔚山下垈遺蹟-古墳 II 』.
77) 蔚山大學校博物館, 1997, 『蔚山中垈古墳群』.

번호	유 적 명	번호	유 적 명	번호	유 적 명
1	울주 대대리 저리 고분군 I	10	울주 대대리 저리 유물산포지III	19	울주 대대리 하대 고분군 I
2	울주 대대리 저리 유물산포지VI	11	울주 대대리 저리 유물산포지VII	20	울주군 대대리 중대 고분군 II
3	울주군 대대리 하대 유물산포지III	12	울주군 대대리 하대 고분군 II	21	울산대대리중대유적
4	울주 대대리 저리 고분군 II	13	울주군 대대리 하대 유물산포지II	22	울주 대대리 상대 고분군
5	울산 하대유적 -가지구-	14	대대리고분(시도기념물 제20호)	23	울주 대대리 상대 유물산포지II
6	울주 대대리 저리 유물산포지 I	15	대대리고분	24	대대리상대고분군(시도기념물 제33호)
7	울주 대대리 저리 유물산포지II	16	울산중대고분군	25	울주 대대리 상대 유물산포지 I
8	울주 대대리 저리 유물산포지IV	17	울산 하대유적 -나지구-	26	울주대대리 상대 유물산포지II
9	울주 대대리 저리 유물산포지V	18	울주 대대리 중대 고분군 I		

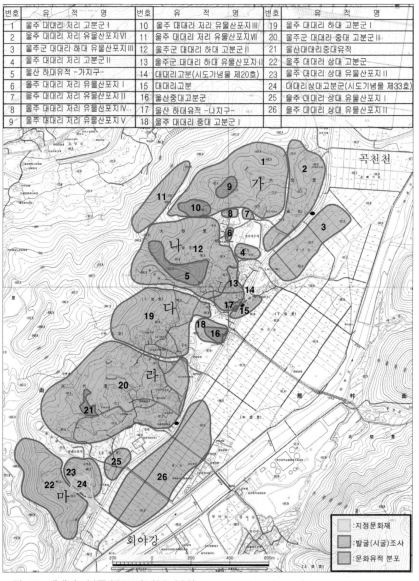

그림 15. 대대리고분군 분포도(1/20,000)

중요한 자료이다.

무거동 상밭골유적은 태화강으로 유입되는 무거천 상류 남쪽에 인접해 있다. 발굴조사 결과 석실묘 5기가 확인되었다.[78] 두왕동유적은 외황강으로 유입되는 두왕천과 운천이 만나는 북서쪽 구릉에 위치한다. 발굴조사 결과 목곽묘 116기, 석곽묘 64기, 석실묘 1기, 옹관묘 4기 등이 확인되었다.[79] 처용리유적은 동해로 유입되는 외황강 하류 서쪽에 접해 있다. 발굴조사 결과 토광묘 1기, 목곽묘 90기, 석곽묘 91기, 옹관묘 8기, 석실묘 11기 등이 확인되었다.[80]

양동유적은 회야호 동쪽 구릉에 위치해 있다. 발굴조사 결과 목곽묘 9기, 적석목곽묘 23기, 석곽묘 1기, 옹관묘 1기, 석실묘 1기 등이 확인되었다.[81] 덕신리유적은 회야강 하류에 인접해 있다. 발굴조사 결과 석곽묘 1기, 석실묘 5기가 확인되었다.[82] 화산리고분군은 처용리유적에서 남쪽, 덕신리유적의 동쪽에 위치한다. 발굴조사 결과 목곽묘, 석곽묘, 석실묘 등 90기가 확인되었다.[83]

삼광리고분군은 회야강과 만나는 남창천 중류 북쪽 구릉에 위치한다. 발굴조사 결과 목곽묘, 석곽묘, 석실묘 등 150여 기가 확인되었다. 운화리고분군은 남창천과 합류하여 회야강에 유입되는 대운천 중류 북쪽 구릉에 위치

78) 蔚山文化財研究院, 2009, 「蔚山無去洞상밭골遺蹟」『蔚山夫谷洞112-1遺蹟』.

79) 中央文化財研究院, 2004, 『蔚山 斗旺-無去間 道路擴裝區間內 遺蹟 發掘調査報告書』.
   겨레문화유산연구원, 2016, 「울산 테크노산업단지 조성사업부지 내 유적 부분완료 9차 약식보고서」.

80) 慶南文化財研究院, 2011, 『蔚州 處容里遺蹟』.
   우리문화재연구원, 2012, 『蔚山 處容里 21番地 遺蹟』.

81) 釜山大學校博物館, 1985, 『蔚州良東遺蹟調査槪報』.

82) 蔚山發展研究院 文化財센터, 2004, 『蔚州 德新里遺蹟』.
   울산발전연구원 문화재센터, 2011, 『울주 덕신리 572-6유적』.

83) 釜山大學校博物館, 1983, 『蔚州華山里古墳群』.
   東亞大學校博物館, 1991, 「蔚州 溫山古墳群」『考古歷史學志』第七輯.

그림 16. 하대유적 가지구 유구배치도(1) 및 23호 목곽묘(2)와 청동솥(3·4)

한다. 발굴조사 결과 석곽묘, 석실묘 등 78기가 확인되었다.[84) 발리 456-1 유적은 회야강에 유입되는 남창천 하류 남쪽 구릉에 위치한다. 발굴조사 결과 목관묘 75기, 옹관묘 11기, 목곽묘 26기, 석곽묘 84기, 석실묘 5기 등이 확인되었다.[85) 명산리유적은 효암천과 합류하여 동해로 유입되는 화산천 하류 북쪽 구릉에 위치한다. 발굴조사 결과 목관묘, 옹관묘, 목곽묘, 석곽묘 석실묘 등 211기가 확인되었다.[86)

현재까지 발굴조사 된 자료를 통하여 볼 때, 북부권역은 위식목곽묘, 서부권역은 석곽묘가 중심을 이루고, 중부권역과 남부권역은 위석목곽묘와 석곽묘가 혼용된 양상을 보인다. 동시기에 하나의 고분군에서 순수목곽묘, 위석목곽묘, 적석목곽묘, 석곽묘, 석실묘 등이 혼재하거나 여러 요소의 속성이 복합되기도 한다. 따라서 묘제는 주어진 환경에 맞추어 축조되었으며, 새로운 묘제의 채용은 자유롭게 이루어졌던 것으로 판단된다.

고분의 분포 수는 1,000기 이상, 300기 내외, 100기 내외, 50기 내외로 크게 나누어진다. 중심 고분군은 기원후부터 고분이 지속적으로 조영되었으며, 무구류, 마구류, 무기류, 농공구류 등의 금속유물과 토기유물의 종류·량 등에서 위계화를 보인다. 고분의 수는 집단의 규모를 나타내며, 1,000기 이상 분포하고 있다. 북부권역은 중산동, 중부권역은 다운동, 서부권역은 하삼정, 남부권역은 대대리 등이 각 지역의 중심고분으로 자리 잡고 있다.

---

84) 蔚山文化財硏究院, 2008, 『蔚山雲化里古墳群』.
　　蔚山發展硏究院 文化財센터, 2008, 『蔚州 雲化里 遺蹟』.
85) 가교문화재연구원, 2013, 『울주 발리 456-1유적』.
　　한국문화재연구원, 2014, 「울주 발리 499-10번지 공동주택 건립부지 내 유적 발굴조사 전문가 검토회의 자료집」.
　　蔚山大學校博物館, 2002, 『蔚山大安里遺蹟』.
86) 蔚山文化財硏究院, 2011, 『蔚山明山里遺蹟』.
　　한겨레문화재연구원, 2016, 「울산 울주 장안~온산1 국도건설공사구간-2 내 유적 문화재 정밀 발굴(시굴)조사 약식 보고서」.

Ⅲ
묘제 분석과 유형 설정

1. 묘제 분석

1) 목곽묘

목곽묘는 묘광 내부에 목곽을 설치한 다음, 흙이나 돌을 충전한 형태이다. 그리고 목곽 위에는 나무덮개로 가로지른 다음 흙 또는 돌을 덮었다. 이처럼 목곽묘는 충전재료와 덮개시설에서 큰 차이를 보인다. 목곽묘의 충전재료와 덮개시설은 세 가지 종류로 나누어진다. 첫 번째는 흙을 충전하고 나무덮개를 덮은 형태이다. 두 번째는 돌을 충전하고 나무덮개를 덮었다. 세 번째는 돌을 충전하고 나무덮개를 덮은 다음, 積石을 실시하였다. 첫 번째는 돌이 일부 포함된 경우도 있지만 흙이 중심을 이룬다. 전통 목곽묘의 충전재료를 사용하므로 純粹木槨墓로 분류하고자 한다. 두 번째와 세 번째는 공통으로 돌을 충전하고 나무덮개를 덮었다. 그렇지만 두 번째는 나무덮개 위에 적석이 이루어지지 않았다. 기존의 용어로서 구분하면 두 번째는 圍石木槨墓, 세 번째는 積石木槨墓로 분류할 수 있다(그림 17 참조).

이하에서는 순수목곽묘, 위석목곽묘, 적석목곽묘 순으로 분석하고자 한다.

목곽묘는 평면형태, 바닥 단차, 바닥시설, 목곽 면적, 출토 유물 조합상 등 여러 속성을 가지고 있다. 울산지역 목곽묘의 평면형태는 방형에서 장방형, 세장방형으로 점차 변화하며, '口'자형, 'H'자형, 'ㅏ'자형, 'T'자형, '呂'자형 등이 관찰된다(그림 18 참조). 바닥단차는 중심 유물 부장공간과 매장주체부 공간을 분리한다. 바닥시설은 설치되지 않은 것, 한쪽 단벽을 제외한 전면에 시설한 것, 피장자 공간에만 시설한 것, 전면에 시설한 것 등으로 나누어진다. 목곽의 면적은 4㎡ 미만의 소형과 4㎡ 이상 ~10㎡ 미만의 중형에 집중되어 있고, 10㎡ 이상의 대형은 극소수이다. 출토 유물 조합상은 武具類, 武器類,

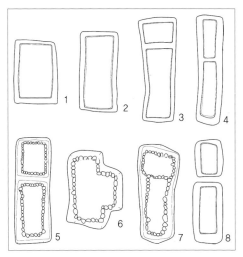

그림 17. 목곽묘 유형 분류

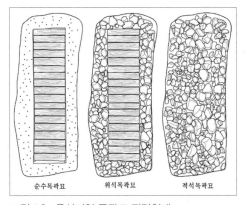

그림 18. 울산지역 목곽묘 평면형태

馬具類, 農工具類, 土器類 등이 확인된다. 이상의 속성은 묘제별로 살펴본 후 유의미한 속성을 추출하였다.

(1) 순수목곽묘

순수목곽묘는 평면형태, 출토 유물 조합상, 목곽의 면적 등에서 속성을 추출할 수 있다. 속성분석 결과 평면형태에서 시간성과 공간성을 확인할 수 있었고, 출토 유물 조합상과 목곽의 면적을 통하여 지배집단의 성격을 어느 정도 파악할 수 있다. 따라서 이하에서는 평면형태와 출토 유물 조합상, 목곽의 면적을 중요한 속성으로 선정하였다.

① 평면형태

목곽묘는 목재를 長方形 내지는 細長方形으로 결구하여 평면을 최대한 효율성 있게 사용하였다. 평면형태는 장방형이 압도한다. 내부 공간을 크게 만들 경우 너비를 늘리는 것보다 길이를 확장하는 것이 구조상 안전하기 때문에 세장방형이 출현한 것으로 판단된다. 출현기의 목곽묘는 대부분 方形에 가깝다. 방형은 너비가 넓기 때문에 오랜 시간 상부의 하중과 외부의 토압을 견뎌내기 어렵다. 따라서 너비를 좁히고 길이를 길게 함으로써 충분한 내부 공간의 확보와 고분의 외형을 유지할 수 있었다고 생각된다. 또한 격벽을 설치하거나 주곽과 부곽을 별도로 축조한 경우도 구조의 안정성을 고려한 결과로 보인다.

순수목곽묘의 평면형태는 먼저 'ㅁ'자형과 '呂'자형으로 구분할 수 있다. 그리고 다시 'ㅁ'자형은 묘광의 장단축비를 기준으로 장방형과 세장방형으로 세분된다. 세장방형에는 주곽과 부곽을 구분한 '日'자형이 확인되지만 격벽

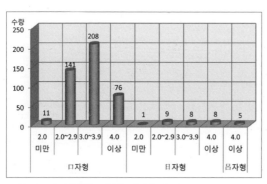

그림 19. 순수목곽묘 목곽 장단축비

이 관찰되지 않은 경우도 많다. 울산 중산동, 율동, 다운동, 조일리, 경주 죽동리, 구정동, 덕천리, 황성동 등에서 확인되는 '日'자형 평면형태를 가진 목곽묘의 장단축비가 1.7(북동 64호)~6.2(중

산리 ⅠA-100호)이고
'口'자형은 1.4(하삼정
가-20호)~6.8(조일리
50호)이다. 가장 높은
분포도를 보이는 곳은
3.0~3.9이다. 그리고
중산동, 산하동, 다운
동, 북동, 하삼정, 조
일리, 하대, 처용리 등

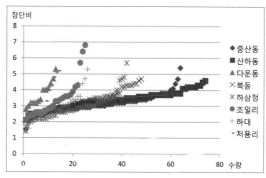

그림 20. 고분군별 순수목곽묘 장단비

순수목곽묘의 비율이 높은 고분군에서도 유구의 장단축비가 4.0 미만에 집
중 분포하고 있다(그림 20 참조). 이는 목곽이 구조상 4:1 미만에서 안정하였
음을 보여준다. 따라서 목곽의 장단축비는 4.0을 기준으로 하여 분류할 수
있다.

　가 : 목곽 장단축비 4:1 미만의 장방형.

　나 : 목곽 장단축비 4:1 이상의 세장방형

　다 : 呂자형 異穴 主副槨式.

　권역별로 살펴보면 북부권역은 중산동과 율동에서 '가'~'다'식, 송정동·
산하동에서 '가'·'나'식, 호계동에서
'가'식이 확인된다. 중부권역은 다운
동·북동에서 '가'~'다'식, 상안동에
서 '가'·'나'식이 관찰된다. 서부권역
은 구미리에서 '가'~'다'식, 하삼정·
전읍리·조일리에서 '가'·'나'식이 확
인된다. 남부권역은 하대·처용리에
서 '가'·'나'식이 관찰된다.

　'가'식이 조사된 유구 수는 산하
동, 중산동, 북동, 하삼정, 율동, 하

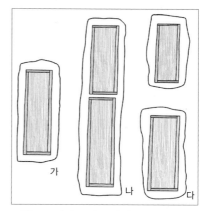

그림 21. 순수목곽묘 평면형태

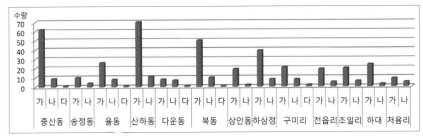

그림 22. 순수목곽묘 평면형태 고분군별 현황

대, 구미리, 조일리, 상안동·전읍리, 송정동, 처용리, 다운동, 호계동 순으로 적다. '나'식이 차지하는 비율은 산하동, 북동, 중산동, 율동·하삼정·구미리, 다운동, 조일리, 전읍리·처용리, 송정동, 하대, 상안동 순으로 적다.

'다'식은 현재까지 중산동 615번지 22호, 북동 57호, 율동 55호, 다운동 913-1번지 75호, 구미리 709-3번지 31, 33, 40호 등에서만 확인되었다 (그림 22 참조).

② 출토 유물 조합상

출토유물 가운데 피장자의 당시 지위와 성격을 가장 잘 반영하고, 유구가 훼손되더라도 양호하게 잔존하는 것이 금속유물이다. 따라서 출토 유물 조합상은 금속유물을 대상으로 살펴보고자 한다.

금속유물은 무구류인 甲冑, 마구류인 轡, 무기류인 (環頭)大刀, 矛, 鏃, 농공구류인 斧, 鎌 등을 기본으로 하고 여기에 다른 금속유물 및 토기, 장신구 등이 공반 된다. 갑주는 칼이나 창, 화살로부터 인체를 보호하기 위하여 착용하는 대표 방어용 무구이다. 울산지역의 갑주는 출토 수가 적을 뿐 아니라 갑옷과 투구가 대부분 조합되어 출토되지 않는다. 그만큼 소유할 수 있는 首長層이 많지 않았음을 보여준다. 또한 갑주의 제작에는 최신 기술이 구사되므로 실전용 무구이면서 권력의 상징물이라고 판단된다.

마구류는 순수목곽묘에서 재갈이 부장된다. 재갈은 말을 제어하는 도구로 가장 중요한 장치이다. 삼국시대 騎馬戰士와 교통·운송 수단 등으로 말의 중요성이 커짐에 따라 재갈의 형식도 다양해졌다. 따라서 재갈 역시 피장자의 사회 지위를 상징하는 것으로 볼 수 있다.

무기류인 대도는 지금까지의 연구로 볼 때, 단순무기가 아니라 서열을 나타내는 위신재로 판단된다. 순수목곽묘에서는 素環頭大刀와 木柄이 장착된 대도 등이 출토되었다. 모는 근거리 찌르는 무기이고, 촉은 원거리 공격용 무기이다. 모와 촉은 실전용 무기로서의 특징을 가진다.

농공구류인 부와 겸은 무기의 용도를 병행하기도 하였다. 이러한 철기의 보급과 확산은 생산력의 상승에 중요한 역할을 하였다. 이외에 도자, 板狀鐵鋌, 有刺利器, 長身鐵矛, 耳飾, 頸飾 등은 다른 금속유물과 共伴 되는 경우가 많다. 그러나 단독으로 출토된 경우 의기 내지는 장신구로서 생활용구에 해당하므로 농공구류에 포함하여 살펴보고자 한다. 刀子는 多目 道具로 가장 많이 출토된다. 따라서 무기보다 농공구에 포함시키는 것이 바람직하다.

따라서 주요 금속유물 여섯 종류와 금속유물이 출토되지 않은 조합상을 통하여 a~g식으로 나누어 볼 수 있다.

a : 甲冑를 위시해서 馬具, 武器, 農工具 등 대부분의 금속유물이 부장된 유구.

b : a식에서 갑주를 제외한 금속유물이 부장된 유구.

c : b식에서 마구를 제외한 무기, 농공구 등을 부장한 유구.

d : c식에서 대도를 제외한 무기와 농공구를 부장한 유구.

e : d식에서 鐵矛를 제외한 무기와 농공구를 부장한 유구.

f : 농공구와 기타 철기유물을 부장한 유구.

g : 금속유물이 부장되지 않은 유구.

북부권역의 중산동에서는 a~g식이 확인된다. 분포비율을 살펴보면 b, a, c·e, f, d, g식 순으로 높게 나타난다. 호계동에서는 e, f식이 1기씩 확인된다. 송정동에서는 e, f, d, g식 순으로 높은 비율을 보인다. 율동에서는 b·c, e, d, g, f식 순으로 높게 나타난다. 산하동에서는 c, e, d, f, g식 순

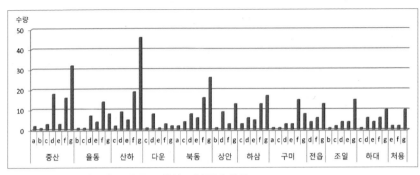

그림 23. 순수목곽묘 출토 유물 조합상 고분군별 현황

으로 높다.

중부권역의 다운동에서는 c·e, g, f, d식 순으로 높게 나타난다. 북동에서는 Ⅱa, c, e, d, f, g식 순으로 높은 비율을 보인다. 상안동에서는 b, f, d, g식 순으로 높다.

서부권역의 하삼정에서는 c, e, d, f, g식 순으로 높게 나타난다. 구미리에서는 a·c, d·e, g, f식 순으로 높다. 전읍리에서는 d, f, g식 순으로 높게 나타난다. 조일리에서는 b, c, d·e, g식 순으로 높은 비율을 보인다.

남부권역의 하대에서는 c, e, d·f, g식 순으로 높게 나타난다. 처용리에서는 e·f, g식 순으로 높은 비율을 보인다(그림 23 참조).

③ 목곽의 면적

목곽의 면적은 0.5(산하동 화암 4호)~9.8㎡(중산리 ⅠC-3호)까지 확인된다. 2.0㎡ 미만이 189기, 2.0~2.9㎡가 208기, 3.0~3.9㎡는 58기, 4.0㎡ 이상은 22기를 차지한다. 분포도를 통해서 보면 4.0㎡ 미만에 집중되어 있으며, 10㎡ 이상은 현재까지 관찰되지 않았다. 따라서 목곽의 면적은 4.0㎡와 10㎡를 기준으로 구분할 수 있다.[87]

---

87) 순수목곽묘, 위석목곽묘, 적석목곽묘, 석곽묘의 면적 분류 기준은 4.0㎡와 10㎡로

Ⅱ : 목곽의 면적이 4.0㎡ 이상~10㎡ 미만인 중형.

Ⅲ : 목곽의 면적이 4.0㎡ 미만인 소형.

목곽의 면적은 대부분 유물의 양과 비례하기 때문에 목곽의 면적이 클수록 유물을 많이 부장한 것으로 볼 수 있다. 따라서 목곽의 면적은 피장자의 생전 지위를 반영하고 있다고 판단된다. 그렇지만 유물의 종류와 질에 있어서는 목곽의 면적과 일치시키기 어렵다. 단위 면적 내에서의 서열화가 다시 진행되기 때문이나.

Ⅱ식의 유구 수는 중산동, 북동, 조일리, 하삼정 순으로 적으며, 율동, 산하동, 다운동, 하대에서는 모두 1기씩 확인되었다. Ⅲ식은 중산동, 율동, 산하동, 다운동, 북동, 하

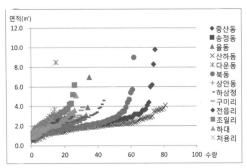

그림 24. 순수목곽묘의 면적 분포

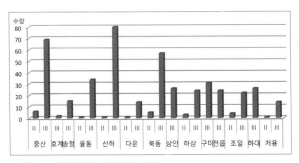

그림 25. 순수목곽묘의 목곽 면적

모두 일치하며, 위석목곽묘에서 10㎡ 이상이 확인된다. 그러므로 분류 기호에서 혼란을 피하기 위하여 순수목곽묘, 위석목곽묘, 적석목곽묘, 석곽묘는 모두 같은 기준으로 Ⅰ·Ⅱ·Ⅲ식을 설정하였다.

삼정, 조일리, 하대에서 높은 비율을 차지한다. 이외에 호계, 송정동, 상안동, 구미리, 전읍리, 처용리에서는 모두 Ⅲ식이 확인되었다. Ⅲ식의 유구 수는 산하동, 중산동, 북동, 율동, 구미리, 하대·상안동, 하삼정·전읍리, 조일리, 송정동, 처용리·다운동, 호계 순으로 적다(그림 25 참조).

(2) 위석목곽묘

울산지역에서 위석목곽묘는 중산동, 매곡동, 송정동, 율동, 산하동, 다운동, 유곡동, 북동, 상안동, 하삼정, 전읍리, 중대, 운화리, 처용리 고분군 등에서 확인되었다. 이외에 두왕동에서도 조사가 이루어졌으나 현재 보고가 이루어지지 않았다. 위석목곽묘도 평면형태, 출토 유물 조합상, 목곽의 면적에서 속성을 추출해 낼 수 있다.

① 평면형태

평면형태는 '口'자형, '日'자형, 'ㅏ'자형, 'T'자형, '呂'자형 등 5식으로 나눌수 있다(그림 26 참조). '口'자형은 울산지역 모든 권역에 넓게 분포하며, 오랜시간 동안 축조되었다. 구조상으로 안정된 평면형태이기 때문에 가장 선호한것으로 판단된다. 반면에 '日'·'ㅏ'·'T'·'呂'자형은 시·공간에서 특징을 가진다. 부곽의 모양과 크기, 설치된 위치가 조금씩 다르다. 구조 측면보다 피장자의 사회 지위를 반영한 요소로 판단된다.

가 : '口'자형으로 單槨式.

나 : '日'자형으로 同穴 主副槨式.

다 : 'ㅏ'자형으로 대부분 피장자 좌측에 돌출된 부장 공간 마련.

라 : 'T'자형으로 피장자 발치에 돌출된 부장 공간을 마련.[88]

마 : '呂'자형 異穴 主副槨式으로 피장자 발치에 부곽 설치.

---

88) 부곽의 형태는 원형, 장방형, 횡장방형 등으로 다양하며, 폭이 좁은 '凸'자형도 확인된다. 주곽은 목곽, 부곽은 석곽으로 축조되기도 하였다.

울산지역에서는 '가'식(187기)이 가장 많고, 이어서 '다'식(57기), '라'식(34기), '나'식(11기), '마'식(4기) 순이다. '가'식의 비율은 중산동, 처용리, 하삼정, 유곡동, 율동, 전읍리, 송정동, 운화리, 다운동, 산하동, 북동·중대 순으로 적어진다. '나'식은 중산동에서 가장 많이 확인되고, 다운동과 북동에서 같은 비율로 나타난다. '다'식이 차지하는 비율은 중산동이 가장 높고, 이어서 송정동, 상안동, 율동, 매곡동·다운동·북동·

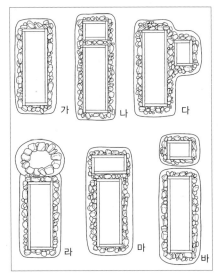

그림 26. 위석목곽묘 평면형태

전읍리 순으로 낮아진다. '라'식은 중산동, 운화리, 다운동, 중대, 율동·하삼정 순으로 적은 비율을 보인다. '마'식은 중산동과 다운동에 분포하고 있으나 현재 보고가 완전하게 이루어지지 않았다(그림 27 참조).

위석목곽묘의 다양한 평면형태는 동시기에 공존하면서 석곽묘에서도 관찰된다. '나'식은 중산동, '다'식은 중산동·송정동, '라'식은 조일리·하삼정 등

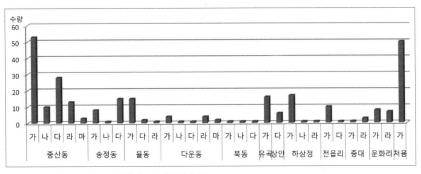

그림 27. 위석목곽묘 평면형태 고분군별 현황

에서 중심을 이루고 있다.

② 출토 유물 조합상

출토 유물 조합상은 주요 금속유물을 통하여 크게 일곱 가지로 나누어 볼 수 있다. 위석목곽묘에서는 새롭게 鐙子와 鞍橋, 농공구류인 쇠스랑과 집게가 출토되었다. 등자와 안교는 騎馬戰士가 안정되고 자유롭게 움직일 수 있게 해 주었다.

a : 갑주를 위시해서 마구, 무기, 농공구 등 대부분의 금속유물이 부장된 유구.

b : a식에서 갑주를 제외한 금속유물이 부장된 유구.

c : b식에서 마구를 제외한 무기, 농공구 등을 부장한 유구.

d : c식에서 대도를 제외한 무기와 농공구를 부장한 유구.

e : d식에서 철모를 제외한 무기와 농공구를 부장한 유구.

f : 농공구와 기타 철기유물을 부장한 유구.

g : 금속유물이 부장되지 않은 유구.

출토 유물 조합상은 권역별로 조금씩 차이를 보인다. 북부권역의 중산동에서는 a~g식, 송정동에서는 c~g식, 율동에서는 b, d, f, g식, 산하동에서는 f, g식이 확인된다. 중부권역의 다운동에서는 d~g식, 유곡동에서는 f, g식, 북동에서는 c, f, g식, 상안동에서는 e~g식이 관찰된다. 서부권역의 하삼정에서는 b~f식, 전읍리에서는 d~g식, 남부권역의 중대에서는 d, f, g식, 운화리에서는 b, d~g식, 처용리에서는 d~g식이 확인된다.

중산동에서는 분포비율을 살펴보면 a, d, c, b, e~g식 순으로 높게 나타난다. 매곡동에서는 e식이 관찰된다. 송정동에서는 d, c, e·f, g식 율동에서는 b·c·d, g, f식 순으로 높은 비율을 보인다. 산하동에서는 f, g식이 확인된다.

다운동에서는 분포비율이 d·g, e, f식 순으로 높게 나타난다. 유곡동에서는 f식이 1기, g식이 15기 관찰된다. 북동에서는 c, f, g식이 1기씩 확인된

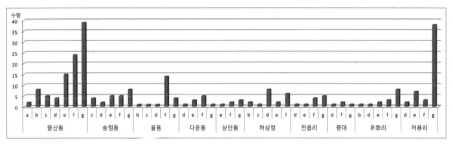

그림 28. 위석목곽묘 출토 유물 조합상

다. 상안동에서는 e식이 1기, f식이 2기, g식이 3기를 차지하고 있다. 하삼
정에서는 분포비율이 c, b·e, f, d식 순으로 높아진다. 전읍리 갑골에서는
d·e식이 각각 1기씩으로 적고, f식이 4기, g식이 5기로 많다.

중대에서는 d·g식이 1기, f식이 2기를 차지하고 있다. 운화리에서는 분
포비율을 살펴보면 b·d, e, f, g식 순으로 높게 나타난다. 처용리에서는 d,
f, e, g식 순으로 높은 비율을 보인다(그림 28 참조).

③ 목곽의 면적

위석목곽묘의 면적은
유물의 부장 범위와 바
닥시설, 충전석 등을 통
하여 파악할 수 있다. 목
곽의 면적은 0.3(처용리
Ⅱ가-27호)~15.3㎡(중산
동 547-1번지 3호)까지 확
인된다. 분포도상으로 볼
때, 4㎡와 10㎡를 기준
으로 구분할 수 있다.

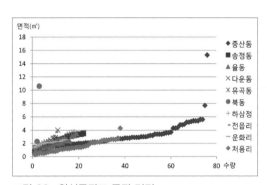

그림 29. 위석목곽묘 목곽 면적

Ⅰ : 목곽의 면적이 10㎡ 이상인 대형.

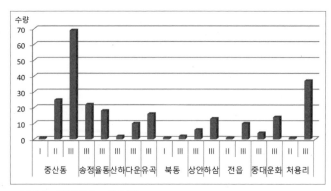

그림 30. 위석목곽묘의 면적

Ⅱ : 목곽의 면적이 4.0㎡ 이상~10㎡ 미만인 중형.

Ⅲ : 목곽의 면적이 4.0㎡ 미만인 소형.

울산지역에서는 Ⅰ식(2기)의 비율이 가장 낮고, Ⅱ식(22기), Ⅲ식(134기) 순으로 높아진다.

Ⅰ식은 중산동과 다운동, 북동에서 확인되었으며, 위석목곽묘의 면적에서 가장 낮은 비율을 보인다. Ⅱ식이 차지하는 비율은 중산동, 다운동, 전읍리·처용리 순으로 적게 나타난다. Ⅲ식은 매곡동, 송정동, 율동, 산하동, 유곡동, 상안동, 하삼정, 중대, 운화리에서 전체를 차지하며, 처용리, 전읍리, 다운동, 중산동에서도 가장 높은 비율을 가진다. 조사된 유구 수는 중산동, 처용리, 송정동, 율동·하삼정, 유곡동, 운화리, 전읍리·다운동, 상안동, 중대, 산하동·북동 매곡동 순으로 적다.

대부분의 유적에서 Ⅲ식이 중심을 이루고 있으나, 중산동과 다운동 등에서는 Ⅰ, Ⅱ, Ⅲ식이 모두 일정 비율을 차지하고 있었던 것으로 판단된다.

(3) 적석목곽묘

울산지역에서 적석목곽묘는 매곡동과 송정동, 양동에서 확인되었다. 이외에 중산리유적 등에서 조사가 이루어졌으나 보고가 되지 않았다. 그리고 양동유적은 일부만 보고되었다. 적석목곽묘의 분포비율은 양동[89])이 가장 많고, 이어서 매곡동, 송정동 순이다. 속성은 위석목곽묘와 같은 기준으로 분류하였다.

① 평면형태

평면형태는 'ㅁ'자형('가'식), 'ㅏ'자형('다'식), 'T'자형('라'식)이 관찰된다. 기본형태는 위석목곽묘와 동일하므로 추가 설명을 생략한다.

울산지역에서는 '가'식이 32기, '다'식이 9기, '라'식이 2기 확인되었다. '가'식은 양동에서 전체를 차지하며, 매곡동에서는 '가'식이 7기, '다'식이 6기, '라'식이 2기, 송정동에서는 모두 '다'식이 관찰되었다.

평면형태는 '다'식이 중산동, 매곡동, 송정동, 화봉동, 율동 일대에서 주분포권을 보인다. 이러한 평면형태는 울산 중산동에서 가장 많이 확인되며, 경주의 외곽과 울산 동천 주변, 태화강 하류에서 주로 관찰된다.

② 출토 유물 조합상

출토 유물 조합상도 앞서 분류한 순수목곽묘, 위석목곽묘와 동일하게 나누고 목곽의 면적과 출토 유물의 조합관계를 살펴보았다.

매곡동에서는 b~g식이 확인된다. 분포비율을 살펴보면 b·d, f, c·g, e식 순으로 높게 나타난다. 송정동에서는 f식, 양동에서는 d, f, g식이 확인된다. 양동에서는 일부만 보고가 이루어졌으므로 전체 양상을 파악하기 어렵다.

③ 목곽의 면적

목곽의 면적은 앞서 분류한 순수목곽묘, 위석목곽묘 자료와 쉽게 비교하

---

89) 보고서에는 적석목곽묘로 파악하고 있으나 전형 적석목곽묘와는 다소 차이를 보인다. 본고에서는 일단 보고서의 주장을 따르며, 보다 자세한 검토는 차후의 과제로 남긴다.

기 위하여 동일한 기준으로 분류 기호를 사용하였다. 매곡동과 양동에서는 4.0㎡ 미만의 Ⅲ식, 송정동에서는 Ⅱ·Ⅲ식이 확인되었다. 대부분 Ⅲ식에 해당한다.

2) 석곽묘

울산지역의 석곽묘는 먼저 평면형태에서 권역별로 특징을 보인다. 그리고 출토 유물 조합상에서 석곽묘 축조집단의 성격을 살펴볼 수 있다. 이외에 석곽의 면적과 벽석 축조방법, 바닥시설 배치형태와 곽의 수 등에서 약간의 특징을 관찰할 수 있다.

① 평면형태

평면형태는 위석목곽묘와 같이 '口'자형, '日'자형, 'ㅏ'자형, 'T'자형, '呂'자형으로 나눌 수 있다.

가 : '口'자형으로 단곽식이다.

나 : '日'자형으로 동혈 주부곽식이다.

다 : 'ㅏ'자형으로 장벽에 돌출된 부장 공간을 마련하였다.

라 : 'T'자형으로 단벽에 돌출된 부장 공간을 마련하였다.

마 : '呂'자형 이혈 주부곽식이다.

권역별로 살펴보면 북부권역의 중산동에서는 '가'식이 가장 높고, '나'식, '라'식, 송정동에서는 '가'식, '다'식, '라'식, 화봉동에서는 '다'식, '가'식, 율동·주전동에서는 '가'식, 산하동에서는 '가'식, '다'식 순으로 확인되었다.

중부권역의 다운동에서는 '가'식, '다'식, '나'식, '라'식, '마'식 순, 유곡동에서는 '가'식, 북동에서는 '가'식, '라'식, '다'식, '나'식, '마'식 순으로 낮은 비율을 보인다. 상안동에서는 '가'식, '라'식, '다'식, '나'식 순으로 관찰된다.

서부권역의 하삼정에서는 '가'식, '라'식, '나'식, '다'식, '마'식 순이고, 전읍리에서는 '가'식, '라'식, '나'·'다'식 순, 조일리에서는 '가'식, '라'식, 교동리·천소·하잠리 등에서는 '가'식이 전체를 차지한다.

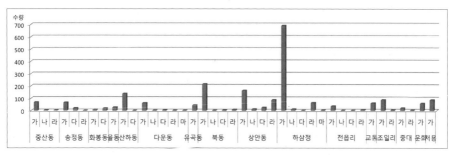

그림 31. 석곽묘 평면형태 고분군별 현황

남부권역의 두왕동에서는 '가'식, '마'식, '나'·'다'식 순, 처용리에서는 '가'식, '나'식 순, 중대·운화리·덕신리·양동에서는 '가'식이 확인되었다.

전체 양상으로 볼 때, '가', '라', '다', '나', '마'식 순으로 적다. '가'식은 하삼정, '나'식은 상안동, '다'식은 송정동, '라'식은 상안동, '마'식은 두왕동에서 높게 나타난다.

② 출토 유물 조합상

석곽묘에서는 威信財에 해당하는 金銅冠, 帶金具, 三葉文環頭大刀, 공구류인 망치, 모루 등이 추가로 출토되었다. 많지는 않으나 다른 지역에서 발견 예를 볼 때, 금동관은 최고지배자의 상징이며, 망치와 모루 등은 철기생산과 관련된다. 석곽묘에서는 板甲이 1기로 많지 않고, 대금구를 공반하고 있으므로 위신재에 포함하였다. 그리고 삼엽문환두대도는 소환두대도, 목병대도와 구분되지만 출토 량이 많지 않고 대부분 마구류와 공반 하므로 세분하지 않았다. 이외에 망치와 모루는 공구류에 해당하며, 다른 금속유물과 함께 부장된다. 따라서 출토 유물 조합상은 목곽묘와 같은 a~g식으로 나눌 수 있다.

a : 금동관을 비롯한 마구, 무기, 농공구 등 대부분의 금속유물이 부장된 유구.

b : a식에서 금동관을 제외한 금속유물이 부장된 유구.

c : b식에서 마구를 제외한 무기, 농공구 등을 부장한 유구.

d : c식에서 대도를 제외한 무기와 농공구를 부장한 유구.

e : d식에서 철모를 제외한 무기와 농공구를 부장한 유구.

f : 농공구와 기타 철기유물을 부장한 유구.

g : 금속유물이 부장되지 않은 유구.

권역별로 살펴보면 북부권역의 중산동에서는 c~g식이 확인되는데 g식이 가장 많고, 다음으로 f식, 이어서 e식, d·c식 순이다. 송정동에서는 b~g식이 확인된다. g식이 가장 많고 f, e, b, c, d식 순으로 적어진다. 화봉동에서는 b, d~g식이 확인된다. g식이 가장 많고 b·f, d·e식 순으로 적어진다. 율동·산하동에서는 c~g식이 확인된다. 율동에서는 f, g, d·e, c식 순으로 적어진다. 산하동에서는 g, f, e, d, c식 순으로 적어진다.

중부권역의 다운동에서는 d~g식이 확인되는데 g, d, f, e식 순으로 적어진다. 유곡동에서는 g식만 확인된다. 북동에서는 c~g식이 확인된다. g식이 가장 많고, 이어서 f, d, b, c, e식 순으로 적어진다. 상안동에서는 b~g식이 확인되는데 g식이 가장 많고 f, e, c, b, d식 순으로 적어진다.

서부권역의 하삼정에서는 a~g식이 확인된다. g식이 가장 많고 다음으로 f, e, d, b, c식, a식이 가장 적다. 전읍리·교동리에서는 e~g식이 관찰되는데 g, f, e식 순으로 적어진다. 천소에서는 f, g식이 관찰된다. g식이 많

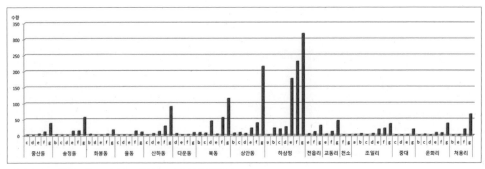

그림 32. 석곽묘 출토 유물 조합상 고분군별 현황

고 이어서 f식이다. 조일리에서는 a~g식이 관찰된다. 비율이 g, f, e, d, b, a, c식 순으로 낮아진다.

남부권역의 중대에서는 c, d, e, g식이 확인된다. g식이 가장 많고 e, d, c식 순으로 적어진다. 운화리에서는 b~g식이 확인되는데 g식이 가장 많고 이어서 e, f, c, b·d식 순으로 적어진다. 처용리에서는 b, e~g식이 확인된다. 비율이 g, f, e, b식 순으로 낮아진다. 양동리, 덕신리에서는 g식이 관찰된다.

출도 유물 조합상은 대부분의 고분군에서 g식이 가장 많고, 이어서 f, e, d, c식, 다음으로 b, a식 순으로 높은 비율을 보인다.

③ 석곽의 면적

석곽의 면적은 0.1(하삼정 가74-1호)~6.7㎡(하삼정 나 115호)까지 확인되며, 4.0㎡ 미만에 집중되어 있다. 석곽의 면적은 피장자의 지위와도 어느 정도 관계를 갖는다. 면적이 클수록 유물의 량이 많고, 축조상에서도 많은 재료를 필요로 하게 된다. 대부분 4.0㎡ 미만에 군집된 것으로 보아 당시 상장례에서 피장자의 지위에 따른 규제가 있었다고 판단된다. 따라서 4.0㎡를 기준으로 나눌 수 있다.

Ⅱ : 석곽의 면적이 4.0㎡ 이상~10㎡ 미만인 중형분.

Ⅲ : 석곽의 면적이 4.0㎡ 미만인 소형분.

권역별로 살펴보면 북부권역의 중산동에서는 0.8~3.7㎡, 율동에서는 0.4~2.0㎡, 주전동 중마을에서는 0.3~1.5㎡, 산하동에서는 0.5~2.7㎡로 모두 Ⅲ식이다. 송정동·화봉동에서는 대부분

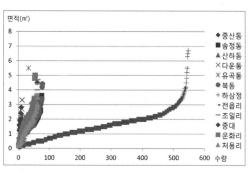

그림 33. 석곽묘 묘곽 면적

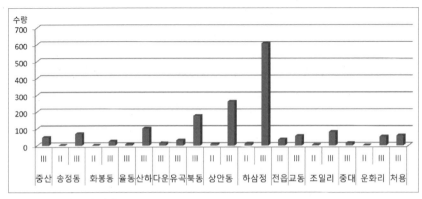

그림 34. 석곽묘의 면적

Ⅲ식이고 Ⅱ식은 극소수로 확인된다.

중부권역의 다운동에서는 0.2~3.3㎡, 유곡동에서는 0.2~1.3㎡, 북동에서는 0.2~3.7㎡로 모두 Ⅲ식이다. 상안동에서는 Ⅱ식이 10기, Ⅲ식이 262기를 차지하고 있다.

서부권역의 하삼정에서는 Ⅱ식이 12기, Ⅲ식이 608기이다. 전읍리에서는 0.7~3.1㎡, 교동리에서는 0.2~2.6㎡, 천소·하잠리에서는 2.0㎡ 내외, 봉계리에서는 1.4㎡로 모두 Ⅲ식이 확인된다.

남부권역의 중대에서는 1.0~2.8㎡, 양동에서는 2.0㎡ 내외, 덕신리에서는 1.1㎡, 처용리에서는 3.5㎡ 이하로 모두 Ⅲ식이 관찰된다. 운화리에서는 Ⅱ식이 1기, Ⅲ식이 53기를 차지하고 있다(그림 34 참조). 울산지역의 석곽묘는 Ⅲ식이 중심을 이루고 있음을 알 수 있다.

④ 벽석 축조방법

벽석 축조방법은 당시의 석축 기술을 보여준다. 돌을 단순하게 놓는 것이 아니라 일정한 규칙으로 정연하게 쌓아 올렸으며, 상부에 목개 또는 석개를 횡가 하였다. 목곽묘에 비하여 더 견고하며, 내부 구조를 오랫동안 유지할

수 있다. 벽석의 축조방법에 따라 크게 3
식으로 나눌 수 있다(그림 35 참조).

A : 최하단석부터 최상단석까지 평적.

B : 하단석은 수적하고 상단석은 평적
(下垂上平積).

C : 수적.

A식은 많은 량의 석재가 필요하지만 내
구성이 높아진다. B식은 석재의 량을 절
감할 수 있지만 상부의 하중과 지반 침하
로 하단석이 기울어질 수 있다. C식은 벽
의 네 면이 맞짜임으로 연결되어 간결하고
견고하다.

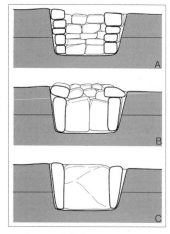

그림 35. 벽석 축조방법

권역별로 살펴보면 북부권역의 중산동·송정동에서는 A식이 이용되었다.
율동에서는 A식이 높은 비율을 차지하고 있으며, B식과 C식은 1기씩 확인
되었다. B식과 C식은 석곽의 면적이 1㎡ 미만인 Ⅲ식에서 확인되었다. 일산
동에서는 대부분 A식이고, 1기만 B식을 이용하였다. 주전동 중마을에서는 B
식이 많고, C식이 1기 확인되었다. 산하동에서는 대부분 A식을 이용하였다.

중부권역의 다운동에서는 A식이 높은 비율을 차지하고 B식은 3기가 확인
되었다. 유곡동에서는 C식이 23기로 가장 높고, 이어서 A식이 15기, B식이
3기이다. 북동에서는 A식이 180기, B식이 10기, C식이 2기를 차지한다.
상안동에서는 A식이 241기, B식이 39기, C식이 7기이다.

서부권역의 하삼정에서는 A식이 595기로 가장 많고, B식이 37기, C식이
90기를 차지한다. 전읍리에서는 A식이 40기, B식이 1기, C식이 2기이다.
교동리에서는 B식의 비율이 52기로 높고, A식이 10기로 상대적으로 낮다.
천소에서는 A식, 봉계리에서는 B식을 이용하였다. 하잠리에서는 A식이 많
고, B식은 1기가 확인되었다. 조일리에서는 대부분 A식을 사용하고 B식은
1기에서 확인되었다.

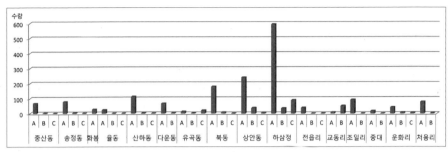

그림 36. 벽석 축조방법

남부권역의 중대에서는 A식이 19기, B식이 1기 확인되었다. 운화리에서는 A식이 43기, B식이 9기, C식이 6기를 차지하고 있다. 처용리에서는 대부분 A식이며, 양동에서는 C식, 덕신에서는 A식이 확인되었다(그림 36 참조). A식은 Ⅱ·Ⅲ식에서 모두 확인되는 반면 B·C식은 대부분 Ⅲ식에서 관찰된다.

⑤ 바닥시설 배치형태

바닥시설은 내부 구조물과 관계를 가진다. 석곽묘 내부에 목관이나 목곽을 설치한 것으로 판단된다. 목관에는 피장자를 포함한 장신구와 위신재를 부장한다. 목곽은 토기를 포함한 무구, 마구, 무기 등이 함께 부장되어 있다. 바닥시설 배치형태는 4식으로 나눌 수 있다.

1 : 아무런 시설물을 마련하지 않은 것.

2 : 중앙부분에 천석이나 할석을 깐 것.

3 : 한쪽 단벽을 제외한 전면에 시설.

4 : 전면에 천석이나 할석을 깐 것.

권역별로 살펴보면 북부권역의 중산동에서는 1식이 가장 많고, 이어서 4, 3, 2식 순, 송정동에서는 1, 4, 3식 순으로 적어진다. 화봉동에서는 1, 3, 4식 순, 율동에서는 1식이 많고, 다음으로 4식이다. 산하동에서는 4식이 가장 많고, 이어서 2식, 다음으로 3, 1식 순으로 적어진다.

중부권역의 다운동에서는 4식, 1·2·3식 순, 유곡동에서는 4, 1식 순으로 적어진다. 북동에서는 2식이 가장 많고, 이어서 1, 3, 4식 순, 상안동에서는 1식이 가장 많고, 이어서 4, 3, 2식 순으로 적어진다.

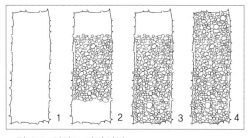

그림 37. 석곽묘 바닥시설

서부권역의 하삼정에서는 3식이 가장 많고, 다음으로 2·4식, 이어서 1식이다. 전읍리에서는 3, 1·2식 순, 교동리에서는 4, 3, 1, 2식 순으로 적어진다. 조일리에서는 93기가 1식이고, 나머지 1기는 3식이다.

남부권역의 중대에서는 3, 4, 1·2식 순, 운화리에서는 3, 1·2, 4식 순으로 적어진다. 처용리에서는 4식이 가장 많고, 이어서 1, 3, 2식 순으로 적다(그림 38 참조). 바닥시설은 고분군별로 조금씩 차이를 보이지만 전체적으로 볼 때, 3식이 가장 많고 이어서 1, 4, 2식 순이다.

바닥시설을 통하여 볼 때, 곽의 수는 단곽과 이중곽으로 나눌 수 있다. 단곽은 하나의 곽을 설치한 다음 유물과 피장자를 안치한 형태이다. 이중곽은

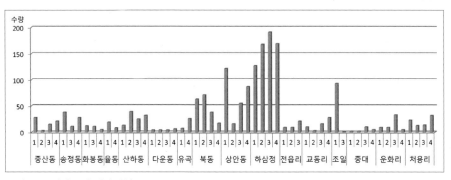

그림 38. 석곽묘의 바닥시설

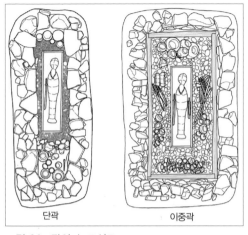

그림 39. 곽의 수 모식도

내곽과 외곽 두 개의 곽을 설치한 형태이다. 곽과 곽 사이에는 금속유물, 토기 유물 등이 부장되기도 하며, 순장자가 안치되는 경우도 있다. 내곽에는 토기와 철기 등이 함께 부장되므로 일부의 금속유물만 포함된 목관과는 차이를 보인다. 곽은 착장유물 외에 토기, 철기 등이 다수 부장된 경우로 한정하였다. 목관의 존재는 명확하게 알기 어려우므로 분석에서 제외하였다.

경주지역에서는 단곽과 이중곽, 삼중곽도 관찰되지만 울산지역에서는 현재까지 단곽과 이중곽이 확인되었다(그림 39 참조). 따라서 이하에서는 단곽과 이중곽에 대하여 살펴보고자 한다. 단곽은 가장 광역의 범위를 가지며, 모든 고분군에서 절대 우위를 차지하고 있다. 꺽쇠나 못 등의 다른 결구재가 보이지 않으며, 대부분 각재에 홈을 내어 결합하였다. 목곽 상부에는 나무덮개를 횡가 한 것으로 판단된다.

이중곽은 다운동 마-4, 14호 석곽묘, 바-16, 18, 19, 21, 23호 석곽묘, 북동 18호 위석목곽묘, 상안동 Ⅲ-31, 35호 석곽묘, 하삼정 가-56, 61, 149, 164, 177, 282~284, 295, 296, 310, 339, 나-41, 63, 80, 85, 93, 94, 98, 107, 116, 124, 126, 135, 138, 175, 210~213, 215호 석곽묘, 처용리 Ⅰ가-9, Ⅱ가-20, 34호 등에서 확인되었다. 목곽은 석곽묘의 벽면에 붙여서 설치한 것으로 판단된다.

3) 석실묘

석실묘는 출입구를 마련하여 추가장이 가능하도록 만든 묘제이다. 출입구는 한쪽 벽면을 이용한 횡구식 석실묘, 羨道를 갖춘 횡혈식 석실묘가 있다. 묘도는 고분 외부에서 내부로 사람이 드나들 수 있도록 만든 입구로 석실묘에서 대부분 관찰된다. 연도는 묘도에서 현실로 들어가는 통로이다. 연도가 설치되지 않은 횡구식 석실묘는 현실의 한쪽 벽면 전체 혹은 일부와 묘광을 파거나 제거하고 추가장이 이루어졌다. 따라서 횡구식 석실묘는 벽면의 한쪽 부분이 다른 벽면에 비하여 불규칙하게 쌓여 있거나 한쪽 벽면 전체가 동시에 축조되어져 있다. 이는 벽면을 축조 후에 이용하였거나 이용할 계획이었던 것으로 볼 수 있다. 반면에 횡혈식 석실묘는 처음부터 기획하여 묘도와 연도를 배치하고 추가장이 가능하도록 축조하였다.

완성된 형태의 석실묘는 묘도, 연도, 현실, 호석, 봉분, 주구 등을 갖추고 있다. 그러나 후대의 파괴로 인하여 상부가 대부분 유실되고 하부만 잔존한 예가 많다. 뿐만 아니라 횡구식 석실묘와 횡혈식 석실묘가 평면형태, 1차 시상의 배치형태 등에서 공통 요소가 많으며, 동시기에 공존하고 있다. 횡구식과 횡혈식은 출입구의 형태와 위치로 구분을 할 수 있다. 따라서 석실묘는 속

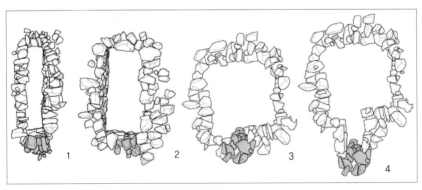

그림 40. 횡구식(1~3)·횡혈식(4) 석실묘 분류

성분석이 유효한 평면형태, 출입구의 형태와 위치, 1차 시상의 설치방향을 대상으로 하였다.

① 현실의 장단축비

현실의 장단축비는 분포도를 통하여 볼 때, 1.0~5.0까지 확인된다. 1.6~2.5에서 가장 높은 분포를 보이고, 다음으로 1.5 이하, 이어서 2.6 이상이다. 따라서 1.5와 2.5를 기준으로 크게 나누어짐을 알 수 있다.

가 : 현실의 장단축비가 2.6 이상.

나 : 현실의 장단축비가 1.6 이상~2.5 이하.

다 : 현실의 장단축비가 1.5 이하.

고분군별로 현실의 장단축비 분포에서 조금씩 차이를 보이지만 전체 양상으로 볼 때, '다'식의 비율이 가장 높고, 이어서 '나', '가'식 순임을 알 수 있다. '가'식의 비율은 남부권역의 운화리, '나'식의 비율은 서부권역의 하삼정, '다'식의 비율은 중부권역의 유곡동에서 가장 높게 나타난다.

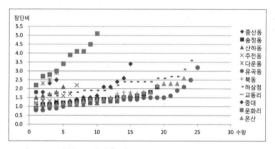

그림 41. 석실묘 장단축비

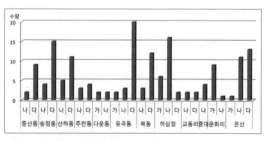

그림 42. 고분군별 석실묘 장단축비

② 출입구의 위치

출입구는 상단부가 파괴된 유구가 많으므로 출입구의 위치만을 기준으로 구분하였다. 출입구는 단벽을 이용하였으며, 크게 A~F식으로 나누어진다.

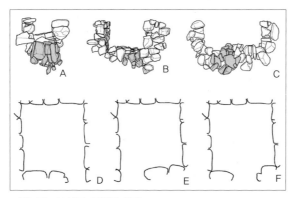

그림 43. 석실묘 출입구 위치

출입구의 위치에 따라 매장주체부의 방향과 시상의 위치 등이 어느 정도 파악된다.

    A : 단벽 전체를 이용한 형태.

    B : 단벽의 오른쪽을 이용한 형태.

    C : 단벽의 왼쪽을 이용한 형태.

    D : 右偏在.

    E : 左偏在.

    F : 中央.

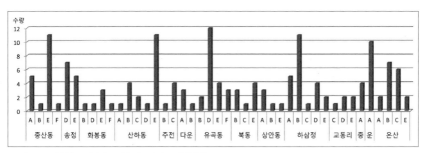

그림 44. 석실묘 출입구 위치 고분군별 현황

석실묘의 출입구 위치는 E식을 이용한 경우가 가장 많고, 이어서 A·B식, 다음으로 D, C, F식 순으로 확인된다.

북부권역에서는 E, D, A·B·C, F식 순, 중부권역에서는 D, B, E, A, F, C식 순, 서부권역에서는 B, A·C, D, E식 순, 남부권역에서는 A, C, B, E 식 순으로 낮은 비율을 보인다.

③ 1차 시상의 위치

시상은 내부 공간을 효율성 있게 활용하기 위하여 기획해서 배치하였다. 1차와 2차 시상이 주피장자에 해

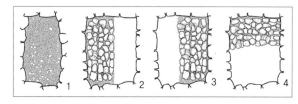

그림 45. 석실묘 1차 시상 위치

당하므로 가장 중심 부분을 선점하였다. 1차 시상의 위치에 따라 2차 시상의 위치도 결정된다.

1 : 바닥 전체에 설치한 것.

2 : 좌측에 설치한 것.

3 : 우측에 설치한 것.

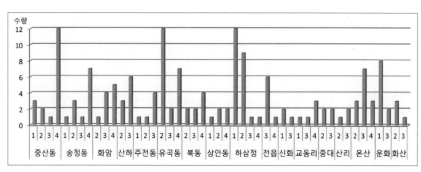

그림 46. 석실묘 1차 시상 위치 고분군별 현황

4 : 奧壁에 설치한 것.

전체 양상으로 볼 때, 2식이 가장 많고, 이어서 3·4, 1식 순으로 적어진다. 북부권역에서는 4, 3, 2, 1식 순, 중부권역에서는 2, 4, 3, 1식 순, 서부권역에서는 1, 2, 3, 4식 순, 남부권역에서는 3, 1, 2, 4식 순으로 적어진다.

2. 유형 설정

유형 설정은 여러 가지 속성을 분석한 다음 공통분모를 찾는 것이 바람직하나 집단의 특정한 조건하에서 가장 적합한 기술 정보가 채택된 것이므로 연계관계를 설정하기 어렵다. 따라서 고분의 구성요소 중 가장 객관성 있는 유물을 주 대상으로 하였다. 고고학에서의 유물은 위신재, 갑주, 무기, 농공구, 토기 등으로 나누는데 각각은 피장자의 사회, 경제, 신분을 상징하므로 이러한 기준으로 유형 설정하는 것은 의미가 있다.

특히 토기는 도굴이나 훼손으로 인하여 원상을 정확하게 파악하기 어렵다. 반면에 금속유물은 부식 때문에 도굴의 대상이 되지 않았고 매장 당시의 본모습을 잘 유지하고 있다. 뿐만 아니라 금속유물은 고대의 군사력과 생산력을 판단할 수 있는 중요한 기준이 되며, 사회구조까지도 살펴볼 수 있다. 유물 외에 묘제도 여러 가지 속성이 있지만 집단간 또는 집단 내부에서의 위계화를 명확하게 보여주지 못하였다. 따라서 유형 설정은 금속유물을 중심으로 실시하였다.

1) 목곽묘

순수목곽묘는 평면형태에 따라 '가'~'다'식으로 나누어지고, 출토 유물 조합상에서 a~g식을 확인할 수 있다. 평면형태와 출토 유물 조합상의 상관관계를 살펴보면 평면형태 '가'식에서는 출토 유물 조합상 a~g식, '나'식에서는

표 1. 순수목곽묘 유형

유형	평면형태	출토 유물 조합상	수량	유형	평면형태	출토 유물 조합상	수량
I	가	a	4	III	가	e	30
I	나	a	1	III	나	e	7
II	가	b	5	III	다	e	2
II	가	c	12	IV	가	f	91
II	나	c	5	IV	나	f	21
III	가	d	67	IV	다	f	1
III	나	d	17	V	가	g	166
III	다	d	2	V	나	g	35

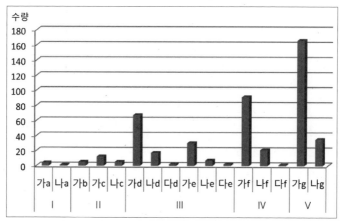

그림 47. 순수목곽묘 유형별 형식

a, c, d~g식, '다'식에서는 d~f식이 관찰된다. 평면형태 '가'식에서 '다'식으로 갈수록 출토 유물 조합상은 하위 속성과 상관관계가 높아지고 있다.

금속유물은 피장자의 지위를 상징으로 보여준다. 갑주는 무구류로서 최상위 지배자임을 나타낸다. 마구류는 비율이 높지 않으며, 대도와 높은 공반관계를 가진다. 북동, 구미리에서는 갑주와 대도는 확인되지만 마구류가 보이지 않는다. 모와 촉은 기능이 전혀 다르고 공반관계가 높지만 상안동과 전읍리에서 촉이 부장되지 않았다(그림 23 참조). 전체 무기의 소유체계를 보면 각각의 기능에 맞게 a~g식으로 나누어져야 하지만 b·c식, d·e식이 공반 되는 경우가 많고 단독으로 부장되는 경우 지역 차이를 갖는다. 또한 고분에 부장된 금속유물은 의례 성격을 가지면서 피장자의 성격을 반영한다. 따라서 고분에 부장된 금속유물을 a식, b·c식, d·e식, f식, g식으로 나누어 유형을 설정하고자 한다.

순수목곽묘 Ⅰ유형은 '가a'식과 '나a'식이 해당된다. '가a'식은 중산동 67호, 북동 4·44호, 구미리 15호에서 확인된다. 중산동 67호는 冑와 모, 북동 44호는 甲冑와 재갈, 북동 4호는 甲과 환두대도, 구미리 15호는 갑과 모가 부장되고 있어서 출토 유물 조합상에서 다소 차이를 보인다. '나a'식은 중산리 ⅠA-100호에서 관찰되며, 투구를 포함한 환두대도, 모, 촉, 도자, 경식 등을 부장하였다. Ⅰ유형인 북동 4호는 부곽이 주곽의 바닥보다 높은 고상이다.

순수목곽묘 Ⅱ유형은 평면형태 '가'·'나'식에 출토 유물 조합상 b, c식이 해당된다. '가b·c'식은 율동 69호, 북동 11호, 상안동 14호, 조일리(창) 94호 등에서 확인된다. 중산리 ⅠC-3호, 상안동 14호는 재갈과 모, 율동 69호는 재갈과 촉, 북동 11호는 재갈과 환두대도, 조일리(창) 94호는 재갈과 대도를 공반 한다. '나c'식은 중산동 63호, 산하동 163호, 북동 71호, 다운동 바-7호, 조일리(울) 5호에서 확인된다. 조일리(울) 5호는 부곽이 고상으로 서부권역의 특징을 보여준다. Ⅱ유형인 조일리(창) 94호, 하삼정 가-77호는 부곽이 주곽의 바닥보다 높은 고상이다.

순수목곽묘 Ⅲ유형은 평면형태 '가'~'다'식에 출토 유물 조합상 d·e식이 해당된다. '가d·e'식은 중산동 47호, 다운동 바-2호, 하삼정 가-54호, 하대 50호 등에서 확인된다. 모와 함께 촉, 부, 겸, 망치, 곡도, 따비, 착, 도자, 유자이기, 판상철정 등 다양한 농공구와 의기를 공반 한다.

'나d·e'식은 중산동 21호, 상안동 13호, 조일리(울) 45호, 하대 나-3호 등에서 확인된다. '다d·e'식은 중산동 615번지 22호, 율동 55호, 북동 57

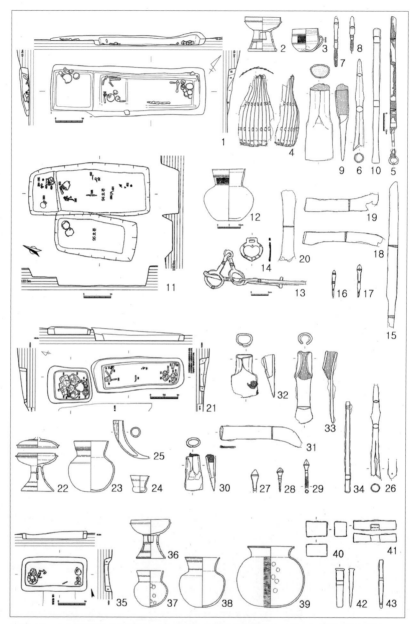

그림 48. 순수목곽묘 Ⅰ유형(1~10: 북동 4호), Ⅱ유형(11~20: 조일리 창 94호),
Ⅲ유형(21~34: 구미리 709-3번지 31호), Ⅳ유형(35~43: 중산동 615번지 2호)

호, 구미리 31호에서 확인된다. 중산동 615번지 22호는 부곽이 장방형이고, 주곽과 높이 차이를 보이지 않는다. 반면에 구미리 31호와 북동 57호는 부곽이 주곽보다 높은 곳에 설치되어 있다. 구미리 31호는 부곽이 방형에 가깝고 북동 57호 부곽은 세장방형을 이루고 있어서 권역별로 부곽의 평면형태와 바닥 단차에서 뚜렷한 차이를 보이고 있다.

순수목곽묘 Ⅳ유형은 평면형태 '가'~'다'식에 출토 유물 조합상 f식이 해당된다. '가'식은 중산동에서 부의 비율이 높고, 중산동 615번지 2호에서 밍치와 모루가 출토되었다. 율동, 북동, 상안동, 구미리, 전읍리 갑골에서는 겸, 산하동에서는 도자의 비율이 높게 나타난다. '나f'식에서는 겸의 비율이 높다. 중산리 Ⅷ-35호, 다운동 바-13호, 하삼정 가-67호, 하대 15호 등에서 관찰된다. '다f'식은 구미리 40호에서 확인되며, 부곽의 평면형태가 방형을 이루고, 주곽의 바닥보다 높은 고상이다.

순수목곽묘 Ⅴ유형은 평면형태 '가'·'나'식에 출토 유물 조합상 g식이 해당되며, 모든 고분군에서 가장 높은 비율을 차지한다. '가g'식은 중산동 54호, 송정 C-104호, 율동 17호, 산하동 106호, 산하동 화암 8호, 다운동 바-15호, 북동 21호, 상안동 Ⅲ-21호, 하삼정 가-45호, 전읍리 갑골 13b호, 구미리 18호, 조일리(울) 13호, 하대 14호, 처용리 Ⅰ가-2호 등에서 확인된다.

'나g'식은 중산동 53호, 송정동 C-6호, 율동 23호, 산하동 110호, 산하동 화암 11호, 북동 10호, 상안동 Ⅲ-62호, 하삼정 가-12호, 전읍리 갑골 11호, 구미리 6호, 조일리(울) 16호, 처용리 Ⅱ가-35호 등에서 관찰된다.

위석목곽묘는 평면형태에 따라 '가'~'마'식으로 나누어지고, 출토 유물 조합상에서 a~g식을 확인할 수 있다. 평면형태와 출토 유물 조합상의 상관관계를 살펴보면 평면형태 '가'식에서는 출토 유물 조합상 a~g식, '나'식에서는 a~f식, '다'·'라'식에서는 b~g식, '마'식에서는 b, f식이 관찰된다. '가'·'다'식에서는 c식, '라'식에서는 b식의 비율이 높다. d·e식에서는 e식의 비율이 높게 나타난다.

표 2. 위석목곽묘 유형

유형	평면형태	출토 유물 조합상	수량	유형	평면형태	출토 유물 조합상	수량
I	가	a	1	Ⅲ	라	d	3
I	나	a	1	Ⅲ	가	e	19
II	가	b	2	Ⅲ	나	e	1
II	나	b	1	Ⅲ	다	e	15
II	다	b	2	Ⅲ	라	e	4
II	라	b	6	Ⅳ.	가	f	49
II	마	b	2	Ⅳ.	나	f	1
II	가	c	5	Ⅳ.	다	f	14
II	나	c	1	Ⅳ.	라	f	9
II	다	c	5	Ⅳ.	마	f	1
II	라	c	1	V	가	g	103
Ⅲ	가	d	12	V	다	g	17
Ⅲ	나	d	2	V	라	g	7
Ⅲ	다	d	4				

유형별로 살펴보면 위석목곽묘 I유형은 평면형태 '가'·'나'식에 출토 유물 조합상 a식이 해당된다. '가a'식은 중산리 IB-1호에서 확인되며, 갑주, 등자, 재갈, 환두대도, 모, 촉 등을 부장하였다. '나a'식은 중산리 IA-75에서 확인되며, 판갑, 판상철모, 촉 등이 출토되었다.

위석목곽묘 II유형은 평면형태 '가'~'마'식에 출토 유물 조합상 b·c식이 해당된다. '가b·c'식인 중산리 IB-2호는 재갈, 모, 촉, 중산동 613-3번지 2호는 환두대도, 모, 촉, 하삼정 가-24호는 재갈, 모, 부, 겸 등을 부장하였다. 중산리 IB-2호는 부곽의 바닥이 주곽보다 낮은 저상이다.

'나b·c'식은 중산리 IA-26호, 북동 18호에서 확인된다. 중산리 IA-26호는 재갈, 검, 모, 촉, 북동 18호는 환두대도, 모, 촉, 부, 겸 등을 부장하였다. '다b·c'식은 중산리 IA-1호, 송정 C-50호 등에서 관찰된다. 중산리 IA-1호는 등자, 재갈, 환두대도, 송정 C-50호는 환두대도, 모,

촉, 부, 집게 등을 부장하였다. '라b·c'식은 중산리 Ⅳ-23호, 운화리 3-1
호 등에서 확인된다. 중산리 Ⅳ-23호는 안교, 재갈, 대도, 운화리 3-1호
는 재갈, 모, 촉, 부 등을 부장하였다. 중산리 ⅠC-1·2호, 하삼정 나-3호
는 부곽의 바닥이 주곽보다 높은 고상, 중산동 547-1번지 1호, 중산리 Ⅳ
-22-1호는 저상이다. '마b'식은 중산동 547-1번지 3호, 중산리 Ⅷ-14호
에서 확인된다. 부곽의 바닥이 주곽보다 낮은 저상이며, 등자, 행엽, 모, 촉
등이 출토되었다. 중산동 547-1번지 3호는 위석목곽묘 가운데 가장 대형
이지만 유구의 파괴가 심하게 이루어지면서 많은 유물이 유실된 것으로 판
단된다.

　위석목곽묘 Ⅲ유형은 평면형태 '가'~'라'식에 출토 유물 조합상 d·e식이 해
당된다. '가d·e'식은 율동 28호, 다운동 바-23호, 하삼정 가-30호, 처용
리 Ⅱ나-16호 등에서 확인된다. 중산동에서는 e식만 부장되고, 하삼정에서
는 d식의 비율이 절대다수를 차지한다. 하삼정 나-16호는 부곽의 바닥이 주
곽보다 높은 고상이다.

　'나d'식은 중산리 Ⅴ-21호, 하삼정 나-10호에서 확인된다. '다d·e'식은
송정동 C-11호, 상안동 Ⅰ-74호 등에서 확인된다. 출토 유물 조합상은 대

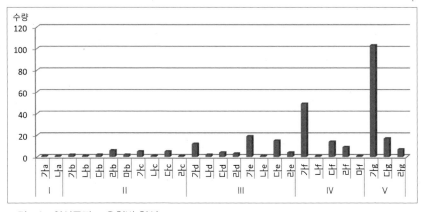

그림 49. 위석목곽묘 유형별 형식

부분 e식이다. 송정 C-11호는 모, 촉, 부, 겸, 도자, 상안동 Ⅰ-74호는 촉, 부, 겸, 도자 등이 부장되었다. '라d · e'식은 중산리 Ⅴ-16-2호, 중대 15 호, 운화리 1-2호 등에서 확인된다. 중산리 Ⅴ-16-2호에서는 촉, 중대 15 호에서는 모, 도자, 운화리 1-2호에서는 모, 촉, 부 등이 출토되었다. 다 운동 바-16호는 부곽의 바닥이 주곽보다 높은 고상, 중산리 Ⅷ-27호, Ⅴ -5-1호는 저상이다.

위석목곽묘 Ⅳ유형은 평면형태 '가'~'마'식에 출토 유물 조합상에서 f식이 해당되며, 겸의 비율이 높게 나타난다. '가f'식은 율동 25호, 다운동 골-3 호, 전읍리 갑골 12호, 처용리 Ⅱ가-45호 등에서 확인된다. 중산리 Ⅰ A-51호, 송정동 C-34호, 다운동 바-18호는 부곽의 바닥이 주곽보다 높 은 고상, 다운동 바-19호는 저상이다.

'나f'식은 중산리 Ⅰ A-33호, '다f'식은 중산리 Ⅴ-20호, 송정동 C-54호, 북동 3호 등에서 확인된다. 중산리 Ⅴ-20호는 겸, 도자, 송정동 C-54호는 겸, 도자, 유자이기, 북동 3호는 도자, 유자이기 등이 부장되었다. '라f'식은 율동 10호, 중대 7호에서 겸, 도자 등이 출토되었다. 중산동 6호는 부곽 바 닥이 주곽보다 높은 고상, 중산리 Ⅳ-22-2호는 저상이다. '마f'식은 중산리 Ⅴ-17-2호에서 확인된다. 중산리 Ⅴ-17-2호는 부곽의 바닥이 주곽보다 높은 고상이며, 도자를 부장하였다.

위석목곽묘 Ⅴ유형은 평면형태 '가' · '다' · '라'식에 출토 유물 조합상 g식이 해당되며, 가장 높은 비율을 차지하고 있다. '가g'식은 중산리 Ⅷ-11호, 송 정 C-33호, 율동 15호, 산하동 20호, 유곡동 10호, 북동 1호, 전읍리 갑 골 19a호, 운화리 18-2호, 처용리 Ⅱ가-10호 등에서 확인된다. 중산리 Ⅷ-31, 47호는 부곽의 바닥이 주곽보다 높은 고상, 중산리 Ⅳ-11호, Ⅰ F-26호는 저상이다. 그리고 송정동 C-56호는 동쪽 단벽부에 유물 부장 갱 을 마련하였다. '다g'식은 중산동, 송정동, 상안동, 전읍리 갑골에서 확인된 다. '라g'식은 중산리 Ⅴ-12-1호, 중대 18호, 운화리 25호 등에서 확인된 다. 중산동 5호는 부곽의 바닥이 주곽보다 높은 고상, 다운동 골-7호는 저

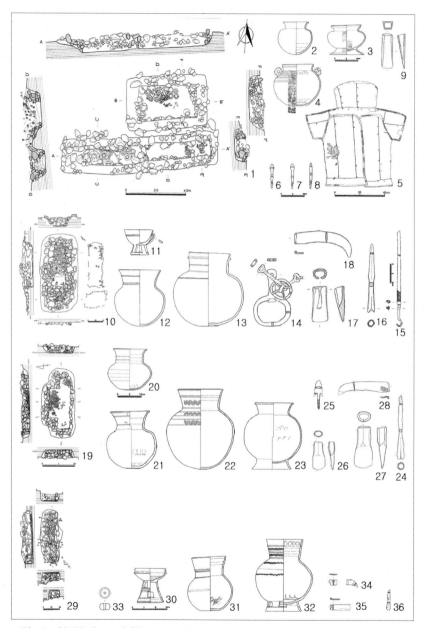

그림 50. 위석목곽묘 Ⅰ유형(1~9: 중산리 ⅠA-75호), Ⅱ유형(10~18: 하삼정 나-3
호), Ⅲ유형(19~28: 송정동 C-11호), Ⅳ유형(29~36: 중대 7호)

상이다.

적석목곽묘는 평면형태에서 위석목곽묘와 같은 '가'··'다'·'라'식이 확인되고, 출토 유물 조합상에서 b~g식을 관찰할 수 있다. 평면형태와 출토 유물 조합상의 상관관계를 살펴보면 평면형태 '가'식에서는 출토 유물 조합상 b~g식, '다'식에서는 b, e~g식, '라'식에서는 f식이 관찰된다.

적석목곽묘 Ⅱ유형은 평면형태 '가'·'다'식에 출토 유물 조합상에서 b·c식이 해당된다. '가b·c'식인 매곡동 7B호는 행엽, 운주, 촉, 유자이기, 중산동 613-3번지 2호는 환두대도, 모, 촉, 도자, 이식 등을 부장하였다. '나c'식인 매곡동 1A, 3A, 4A호에서는 도, 촉, 겸, 도자, 이식 등이 출토되었다.

적석목곽묘 Ⅲ유형은 평면형태 '가'·'다'·'라'식에 출토 유물 조합상 d·e식이 해당된다. '가 d·e'식인 매곡동 6A호에서는 모, 부, 도자, 양동 7호에서는 모, 촉, 부,

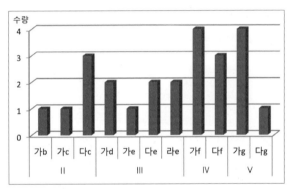

그림 51. 적석목곽묘 유형별 형식

표 3. 적석목곽묘 유형

유형	평면형태	출토 유물 조합상	수량	유형	평면형태	출토 유물 조합상	수량
Ⅱ	가	b	1	Ⅲ	라	e	2
	가	c	1	Ⅳ	가	f	4
	다		3		다		3
Ⅲ	가	d	2	Ⅴ	가	g	4
	가	e	1		다		1
	다		2				

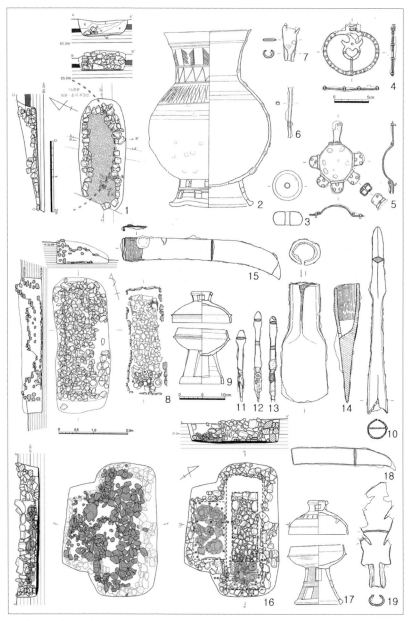

그림 52. 적석목곽묘 Ⅱ유형(1~7: 매곡동 7B호), Ⅲ유형(8~15: 양동 7호),
Ⅳ유형(16~19: 송정동 C-48호)

겸, 매곡동 1C호에서는 촉을 부장하였다. '다e'식인 매곡동 1B, 4B호에서는 촉, 겸, 도자가 출토되었다. '라e'식은 매곡동 2C, 2D호에서 확인되며, 촉, 도자, 이식 등을 부장하였다.

적석목곽묘 Ⅳ유형은 평면형태 '가'·'다'식에 출토 유물 조합상 f식이 해당한다. '가f'식인 중산동 613-3번지 5호에서는 이식, 매곡동 6B호에서는 겸, 양동리 14호에서는 부를 부장하였다. '다f'식은 송정동 C-16, 48, 57호에서 확인되며, 겸, 도자, 유자이기 등이 출토되었다. 송정동 C-16, 57호는 부곽이 고상이다.

적석목곽묘 Ⅴ유형은 평면형태 '가'·'다'식에 출토 유물 조합상에서 g식이 해당하다. '가g'식은 매곡동 3B호, 양동리 19호 등, '다g'식은 매곡동 5호에서 확인된다.

2) 석곽묘

석곽묘는 평면형태에 따라 '가'~'마'식으로 나누어지고, 출토 유물 조합상에서 a~g식을 확인할 수 있다. 평면형태와 출토 유물 조합상의 상관관계를 살펴보면 평면형태 '가'·'라'식에서는 출토 유물 조합상 a~g식, '나'·'다'식에서는 b~g식, '마'식에서는 a, b, f식이 관찰된다. 평면형태 '가'식에서는 출토 유물 조합상 b식에 비하여 c식이 많다. '다'·'라'식에서는 b식의 비율이 a식에 비하여 높다. 북동에서는 환두대도, 하삼정·운화리에서는 대도의 부장 비율이 높게 나타나고 있다.

d·e식에서는 위석목곽묘와 같이 e식의 비율이 높게 나타난다. 그러나 다운동에서는 d식의 부장비율이 높다.

유형별로 살펴보면 석곽묘 Ⅰ유형은 평면형태 '가'·'마'식에 출토 유물 조합상 a식이 해당된다. '가a'식은 하삼정 나-240호, 조일리(창) 5-2호, 35호, 49-2호 등에서 확인되며, 모두 금동관을 부장하였다. '마a'식인 하삼정 나-115호는 판갑, 행엽, 재갈, 도, 모, 촉, 부, 겸, 유자이기, 대금구 등이

표 4. 석곽묘 유형

유형	평면형태	출토 유물 합상	수량	유형	평면형태	출토 유물 합상	수량
I	가	a	4		라	d	11
	마		1		가		238
II	가	b	24	III	나	e	8
	나		1		다		10
	다		8		라		20
	라		19	IV	가	f	350
	마		1		나		7
	가	c	31		다		10
	나		1		라		40
	다		3		마		1
	라		13	V	가	g	856
III	가	d	52		나		18
	나		3		다		33
	다		2		라		69

부장되었다. 부곽의 바닥이 주곽보다 높은 고상이다.

석곽묘 II유형은 평면형태 '가'~'마'식에 출토 유물 조합상에서 b·c식이 해당된다. '가b·c'식인 북동 187호는 등자, 재갈, 삼엽문환두대도, 촉, 겸, 집게, 망치, 유자이기, 하삼정 가-361호는 등자, 재갈, 촉, 부, 겸, 이식, 운화리 3-1호는 재갈, 북동 188호는 환두대도, 모, 촉, 겸, 산하동 19호는 대도, 부, 겸, 도자, 이식 등을 부장하였다.

'나b·c'식인 처용리 II가-35호는 재갈, 모, 부, 대금구, 상안동 II-8호는 대도, 촉 등이 부장되었다. '다b·c'식에서는 b식의 비율이 높으며, 화봉동에서 특히 높게 나타난다. 화봉동 15호에서는 등자, 재갈, 대도, 모, 촉, 부, 겸, 성시구, 망치, 도자, 이식, 북동 12호에서는 재갈, 촉, 상안동 III-86호에서는 재갈, 부, 착 등이 출토되었다. '라b·c'식에서는 b식의 비율이 높게 나타나며, 특히 하삼정에서 많은 비율을 차지한다. 북동 204호에서는 재갈, 대도, 모, 촉, 부, 상안동 Ⅱ-2호에서는 등자, 모, 촉, 겸, 유자이기, 하삼정 나-91호에서는 재갈, 도, 모, 촉, 착, 유자이기, 철정, 이식, 중산동 11호에서는 대도, 조일리(창) 5-1호에서는 대도, 촉, 착, 부, 이식 등이 출토되었다. '마b'식인 하삼정 나-231호에서 재갈, 도, 모 등이 확인된다. 부곽의 바닥이 주곽보다 높은 고상이다.

석곽묘 Ⅲ유형은 평면형태 '가'~'라'식에 출토 유물 조합상 d·e식이 해당된다. '가d·e'식은 산하동 26호, 다운동 바-12호, 북동 172호, 하삼정 가-87호, 조일리 74호, 중대(울) 9호, 운화리 1-2호 등에서 확인된다. 산하동 26호는 모, 촉, 부, 겸, 착, 하삼정 가-87호는 모, 촉, 부, 겸, 유자이기 등을 부장하였다. '나d·e'식은 전체 양상으로 볼 때, e식이 중심을 이룬다. 북동 149호는 모, 유자이기, 겸, 도자, 하삼정 나-151호는 모, 촉, 부, 겸, 착, 곡도, 도자, 유자이기, 중산동 12호는 촉, 상안동 Ⅰ-22호는 촉, 부, 도자, 이식 등이 부장되었다. '다d·e'식인 화봉동 1호에서는 모, 촉, 부, 겸, 송정동 C-52호에서는 촉, 겸, 도자, 북동 210호에서는 촉, 이식, 상안동 Ⅲ-93호에서는 촉, 부, 겸, 착 등이 출토되었다. '라d·e'식인 하삼정 나-96호에서는 모, 촉, 부, 겸, 유자이기, 도자, 물미, 상안동 Ⅰ-30호에

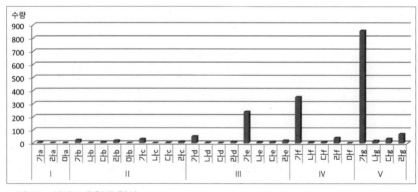

그림 53. 석곽묘 유형별 형식

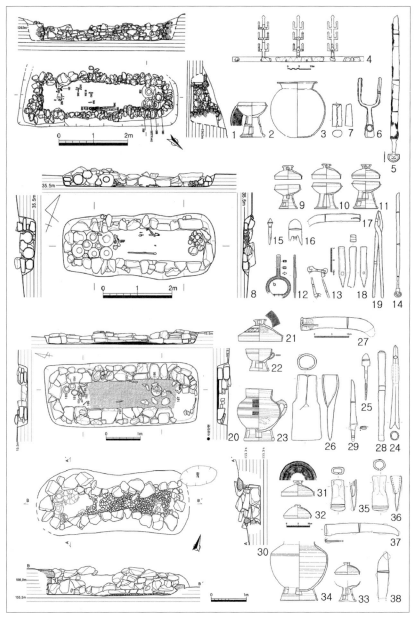

그림 54. 석곽묘 Ⅰ유형(1~7: 조일리 49-2호), Ⅱ유형(8~19: 북동 187호), Ⅲ유형
(20~29: 산하동 73호), Ⅳ유형(30~38: 전읍리 갑골 47b호)

서는 모, 도자, 이식, 전읍리 3b호에서는 촉, 부, 중산리 Ⅴ-3-1호에서는 촉이 출토되었다.

석곽묘 Ⅳ유형은 평면형태 '가'~'마'식에 출토 유물 조합상 f식이 해당된다. '가f'식은 산하동 73호, 북동 176호, 하삼정 가-278호, 처용리 Ⅱ나-10호 등에서 확인된다. 산하동 73호, 북동 176호, 하삼정 가-278호에서는 부·겸, 처용리 Ⅱ나-10호에서는 겸, 도자 등이 출토되었다. '나f'식은 상안동 Ⅰ-37호, 하삼정 나-245호 등에서 확인된다. 상안동 Ⅰ-37호에서는 도자, 하삼정 나-245호에서는 겸, 착, 도자, 경식 등이 출토되었다. '다f'식인 송정동 D-18-2호에서는 부, 북동 195호에서는 겸, 도자, 유자이기, 하삼정 가-136호에서는 도자, 화봉동 17호에서는 부, 이식, 상안동 Ⅱ-87호에서는 유자이기, 경식 등이 출토되었다. '라f'식인 상안동 Ⅱ-21호에서는 유자이기, 도자, 하삼정 가-89호에서는 부, 겸, 도자, 전읍리 47b호에서는 부, 겸, 조일리(창) 6호에서는 겸, 도자, 유자이기, 이식, 송정동 C-75호에서는 겸, 유자이기, 도자 등이 출토되었다. 석곽묘 '마f'식인 북동 169호에서는 겸, 유자이기 등이 출토되었다. 부곽의 바닥이 주곽보다 높은 고상이며, 목곽이다.

석곽묘 Ⅴ유형은 평면형태 '가'~'라'식에 출토 유물 조합상 g식이 해당된다. '가g'식은 중산동, 송정동, 화봉동, 율동, 산하동, 다운동, 북동, 상안동, 하삼정, 교동리, 조일리, 중대, 운화리, 처용리 등에서 석곽묘의 유형 가운데 가장 높은 비율을 차지한다. '나g'식은 중산리 Ⅷ-26호, 상안동 Ⅱ-5호, 하삼정 나-169호 등에서 확인된다. '다g'식은 산하동 E-7호, 상안동 Ⅰ-44호, 송정동 C-67호, 화봉동 11호 등에서 확인되었다. '라g'식은 북동 215호, 상안동 Ⅰ-20호, 조일리(창)21호, 중산리 Ⅷ-20-1호, 하삼정 가-12호 등에서 확인된다.

3) 석실묘

석실묘는 출입시설을 마련하여 추가장이 가능한 묘제이다. 울산에서는 이러한 석실묘의 개념이 유입되면서 기존의 묘제를 다곽식으로 연접 배치하는 비율이 높게 나타나고, 석곽묘를 재이용하기도 하였다. 따라서 多葬을 실시하기 위한 평면형태와 피장자를 효율성 있게 안치하기 위하여 출입구의 위치가 고려되었다.

그러므로 출입구의 위치를 유형설정의 1차 기준으로 삼았다. 유형별로 살펴보면 석실묘 Ⅰ유형은 현실의 장단축비 '가'·'나'식에 출입구의 위치 A식이 해당되며, 1차 시상의 위치는 1식이 중심을 이룬다. '가A1'식에서는 운화리 30호, 하삼정 35호, '가A2'식에서는 상안동Ⅰ-54호, '가A3'식에서는 운화리 28-1호가 확인된다. '나A1'식에서는 운화리 1호, 중산리 Ⅷ-1호, '나A2'식에서는 중대 38호, 명산리 36호, '나A3'식에서는 산하동 E-1호, 무거동 상밭골 3호가 확인된다.

석실묘 Ⅱ유형은 현실의 장단축비 '나'·'다'식에 출입구의 위치 B식이 해당

표 5. 석실묘 유형

유형	평면형태	출입구의 위치	1차 시상의 위치	수량	유형	평면형태	출입구의 위치	1차 시상의 위치	수량
Ⅰ	가	A	1	16	Ⅲ	다	C	3	11
			2	2	Ⅳ	나	D	2	5
			3	4				4	1
	나		1	6		다		2	12
			2	6				4	10
			3	5	Ⅴ	나	E	3	6
Ⅱ	나	B	1	5				4	6
			2	25		다		3	8
			4	4				4	23
	다		2	3	Ⅵ	다	F	2	3
			4	2				3	1
Ⅲ	나	C	1	1				4	1
			3	14					

되며, 1차 시상의 위치는 2식이 중심을 이룬다. '나B1'식에서는 하삼정 33호, '나B2'식에서는 산하동 화암 4호, '나B4'식에서는 상안동 Ⅰ-1호가 확인된다. '다B2'식에서는 산하동 1호, '다B4'식에서는 온산 34호가 확인된다.

석실묘 Ⅲ유형은 현실의 장단축비 '나'·'다'식에 출입구의 위치 C식이 해당되며, 1차 시상의 위치는 3식이 중심을 이룬다. '나C1'식에서는 교동리 51호, '나C3'식에서는 주전동 4호, 약사동(한) 3호가 확인된다. '다C3'식에서는 처용리 21번지 3호, 주전동 2호가 확인된다.

석실묘 Ⅳ유형은 현실의 장단축비 '나'·'다'식에 연도의 위치 D식, 1차 시상의 위치는 2식이 중심을 이룬다. '나D2'식에서는 하삼정 1호, 유곡동 6호, '나D4'식에서는 교동리 50호가 확인된다. '다D2'식에서는 유곡동 14호, 송정동 92호, '다D4'식에서는 교동리 33호, 봉계리 1호가 확인된다.

석실묘 Ⅴ유형은 현실의 장단축비 '나'·'다'식에 연도의 위치 E식, 1차 시상의 위치 4식이 비율이 높게 나타난다. '나E3'식에서는 산하동 3호, 송정동 C-90호, '나E4'식에서는 북동 36호, 중산동 96번지 Ⅲ-5호가 확인된다. '다E3'식에서는 화암 2호, 산하동 10호, '다E4'식에서는 중산동 96번지 Ⅲ-10호, 상안동 Ⅲ-1호가 확인된다.

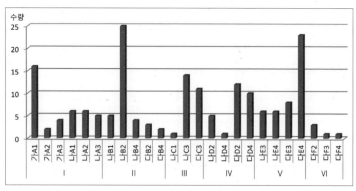

그림 55. 석실묘 유형별 형식

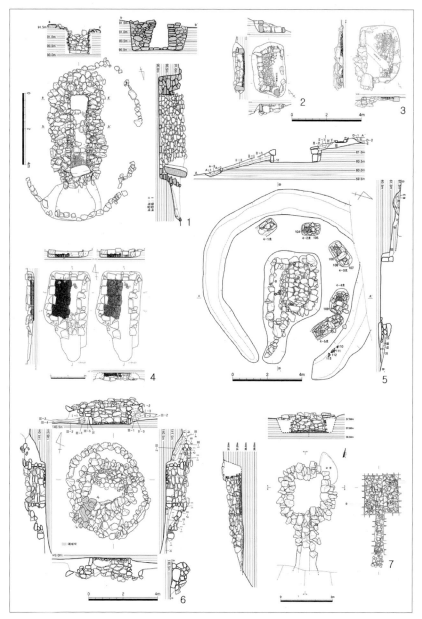

그림 56. 석실묘 Ⅰ유형(1: 운화리 30호), Ⅱ유형(2: 무거동 상밭골 1호), Ⅲ유형(3: 주전동 중마을 4호), Ⅳ유형(4: 송정동 C-96호), Ⅴ유형(5: 북동 5호, 6: 중산동 96번지 9호), Ⅵ유형(7: 유곡동 19호) 1/160

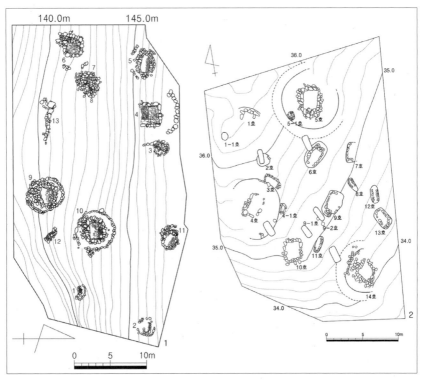

그림 57. 횡혈식 석실묘(1 : 중산동 산96유적 Ⅲ지구)와 횡구식 석실묘(2 : 주전동 중마을 고분군) 군집 고분 유구배치도(1/400)

석실묘 Ⅵ유형은 현실의 장단축비 '다'식에 연도의 위치 F식, 1차 시상의 위치 2식이 중심을 이룬다. '다F2'식에서는 유곡동 13호, 유곡동 10호, '다F3'식에서는 유곡동 19호, '다F4'식에서는 중산리 ⅠF-A호가 확인된다.

Ⅳ
고분의 단계 설정과 편년

울산의 고분문화는 단계별 변화를 거치면서 권역별로 특징 있는 모습을 보인다. 이러한 고분의 변화와 획기를 파악하기 위해서는 절대연대가 필요하다. 현재까지 울산지역에서 절대연대를 가진 유물은 확인되지 않았다. 따라서 시간성을 민감하게 반영하면서 가장 오랫동안 고분에 부장된 고배의 속성을 추출하여 형식학 방법으로 상대편년하고, 이를 기존의 편년안[90]에 대입하여 고분의 연대를 파악해 보고자 한다.

1. 고배의 형식 분류

고배의 속성은 먼저 재질에 따라 와질과 도질로 크게 구분할 수 있다. 그리고 고배의 세부속성은 대각과 각단부, 배신부의 형태 등에 따라 세분할 수 있다. 와질 고배와 도질 고배의 차이는 재질뿐만 아니라 기고에서도 나타난다.

---

90) 권용대 외, 2005, 「蔚山地域의 古墳文化」『발굴사례·연구논문집』제2집, 한국문화재조사전문기관협회.

그림 58. 와질 고배(1 : 중산동고분군)와 도질 고배(2~8 : 약사동 북동유적)

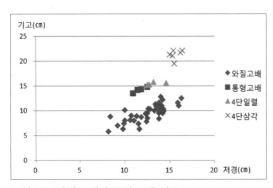

그림 59. 와질 고배와 도질 고배 기고

瓦質 고배(그림 58-1)는 14㎝ 미만, 陶質 통형(그림 58-2)과 4단 일렬 장방형 투창(그림 58-3)은 14~15㎝, 4단 삼각형 투창(그림 58-4) 고배는 20~22㎝ 범위에 분포하고 있다(그림 59). 고배는 재질과 기형에 따라 규격에서도 차이를 갖고 있었음을 알 수 있다. 따라서 재질별로 기형을 나누어 분석하고자 한다.

1) 와질 고배

와질 고배는 臺脚의 형태와 杯身部의 형태에 따라 각각 네 가지로 나눌 수

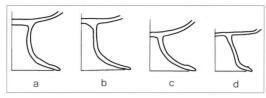

그림 60. 와질 고배 대각 형태 분류

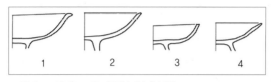

그림 61. 와질 고배 배신부 형태 분류

있다.

　a식 : 대각이 배신 저부에서 'C'자상으로 내려오다가 밖으로 완만하게 뻗은 것.

　b식 : 대각이 직선으로 내려오다가 外反하는 것.

　c식 : 대각이 완만하게 외반하는 것.

　d식 : 대각이 경사지게 내려오다가 外傾하는 것.

　1식 : 배신부가 곡선을 이루면서 올라가다가 口緣端에서 외반하는 것.

　2식 : 배신부가 곡선을 이루면서 올라가는 것.

　3식 : 배신부가 角을 이루었다가 올라가는 것.

　4식 : 배신부가 경사지게 올라가는 것.

　이들 속성을 조합하면 a1, a2, b1, b2, c1, c2, c3, d3, d4식이 관찰된다. 이 가운데 가장 높은 분포를 보이는 속성조합은 c1식이고 이어서 a1, b1, d3식 순이다.

표 6. 와질 고배 속성조합

대각 배신	a	b	c	d
1	9	8	14	
2	1	1	3	
3			1	5
4				1

2) 고식 도질 고배

고식 도질 고배는 대각의 형태가 크게 두 가지로 나누어진다.

a식 : 직선으로 내려오다가 외반하는 것.

b식 : 'C'자상으로 외반하는 것.

배신부의 형태는 편평한 바닥면이 각을 이루면서 꺾였다가 외반한 형태(그림 63-1), 약간 경사지게 올라가다가 내만한 형태(그림 63-2·3), 경사지게 올라가다가 외반 한 형태(그림 63-4), 곡선을 이루는 형태(그림 63-5), 곡선을 이루면서 올라가다가 외반 한 형태(그림 63-6) 등이 관찰된다.

현재까지 확인된 자료를 보면 대부분 a식이

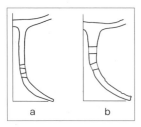

그림 62. 대각 형태

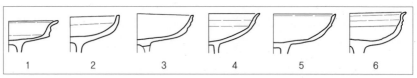

그림 63. 배신부 형태 분류

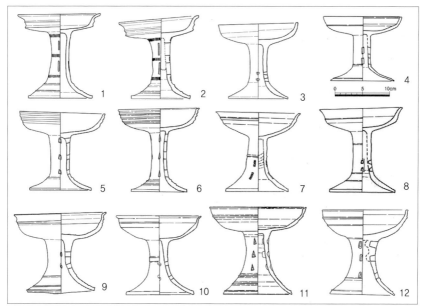

그림 64. 고식 도질 고배(1 · 3: 북동 53호, 2: 황사리 도굴갱, 4: 진북Ⅱ-48호, 5: 북동 62호, 6: 복천동 57호, 7: 중산리ⅠA-149호, 8: 진북Ⅱ-45호, 9: 북동 33호, 10: 삼가Ⅱ-17호, 11: 조일리 울-20호, 12: 기장 청강리 13호)

고, b식은 약사동 북동 33호 목곽묘(그림 64-9)와 조일리 울-20호(그림 64-11) 목곽묘에서 보인다. 속성을 조합하면 a1, a2, a3, a4, b5, b6식이 확인된다.

3) 신식 도질 고배

신식 도질 고배는 대각 신부와 배신부의 형태가 각각 두 가지로 나누어진다.

a식 : 대각 신부의 彎曲度가 큰 것.

b식 : 대각 신부의 만곡도가 작은 것.

1식 : 배신 외면 상단에 뚜렷한 뚜껑받이 턱을 가진 것.

2식 : 배신 내부에 뚜껑받이 턱을 가진 것.

a식은 4단 대각에 일렬 長方形 透窓(그림 66-1), 3단 대각에 일렬 細長方形

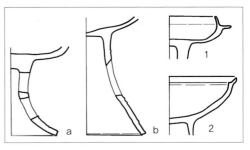

그림 65. 대각과 배신형태

투창(그림 66-3), b식은 4단 대각에 三角形 투창(그림 66-5), 3단 대각에 장방형 交互 투창(그림 66-6)이 확인된다.

새롭게 등장한 1·2식은 앞 단계 고배의 대각형태에 새로운 형태의 배신부를 선별 수용한 것으로 추정된다. 즉 개별 기형의 특정 부분을 선택 채용하여 신식 도질 고배가 출현하였다고 생각된다.

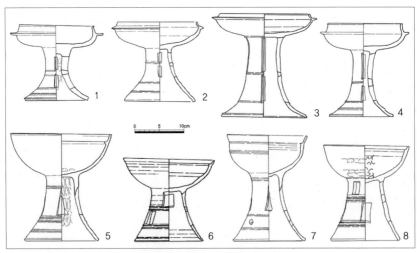

그림 66. 신식 도질 고배(1·5: 북동 18호, 2: 구미리 31호, 3: 중산리 14호, 4: 복천동 53호, 6: 하대 3호, 7: 경주 동산리 87호, 8: 영천 청정리 24호)

4) 교호투창 고배

교호투창 고배는 3단 대각(가)과 2단 대각(나)으로 크게 구분할 수 있다. 3단 교호투창 고배는 대각을 3단으로 구획한 다음 상단과 중단에 교호로 투창을 배치하였다. 2단 교호투창 고배는 대각의 중앙에 배치된 突帶의 형태에 따라 3가지 유형으로 나누어진다.

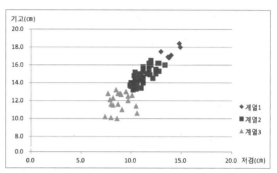

그림 67. 3단 교호투창 고배 기고와 저경

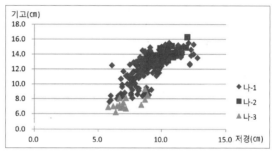

그림 68. 2단 교호투창 고배 기고와 저경

나-1유형 : 대각의 중앙에 1~2條의 돌대를 돌렸다.

나-2유형 : 대각의 중앙에 간격을 넓게 띄운 2조의 돌대가 돌아간다.

나-3유형 : 짧은 대각 중앙에 두툼한 1~2조의 돌대를 돌렸다.

3단 교호투창 고배는 기고 9.5~18.4㎝, 저경 7.4~14.9㎝의 범위에 분포한다. 분포도를 통하여 볼 때, 기고 10~13㎝ 미만, 13~16㎝, 17㎝ 이상에서 군집하고 있다.

2단 교호투창 고배 나-1유형은 기고 7~15㎝, 저경 6~13㎝ 범위에 걸쳐 넓게 분포한다. 나-2유형은 기고 12~16㎝, 저경 9~12㎝, 나-3유형은 기고와 저경 모두 6~9㎝에서 군집을 이루고 있다.

전체 양상으로 볼 때, 교호투창 고배는 기고가 커지면 저경도 커지는 것을

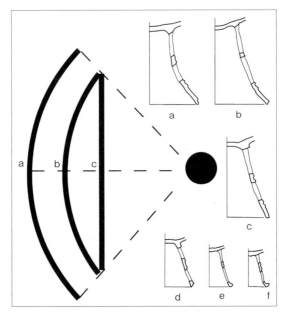

그림 69. 臺脚 및 脚端 形態 分類

알 수 있다.

　대각 및 각단의 형태는 여섯 가지로 나눌 수 있다. a~c식은 3단 교호투창 고배로 각신의 만곡도, d~f식은 2단 교호투창 고배로 각단의 형태에서 차이를 보인다.

　a식 : 직선에 가깝게 내려오다가 喇叭狀으로 벌어진 것.

　b식 : 완만한 C字狀으로 내려온 것.

　c식 : 曲率 없이 斜方向으로 곧게 내려온 것.

　d식 : 脚端이 內傾한 것.

　e식 : 각단이 外反한 것.

　f식 : 각단이 V자상으로 들렸다가 각을 이루면서 꺾어져 내려온다.

　배신부의 형태는 6식으로 나눌 수 있다.

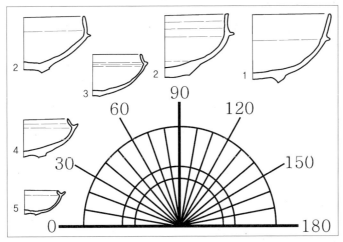

그림 70. 교호투창 고배 배신부 형태 분류

1식 : 완만한 曲線을 이루면서 올라가고, 구연부와 배신부의 경계에 돌대가 돌아간 것.

2식 : 뚜껑받이 턱을 가지면서 구연부가 直線을 이룬 것.

3식 : 뚜껑받이 턱을 경계로 구연부가 약간 내경한 것.

4식 : 구연부가 60° 미만의 각을 이루면서 내경한 것.

5식 : 구연부가 뚜껑받이 턱 보다 약간 긴 V字形을 이룬 것.

6식 : 구연부와 뚜껑받이 턱이 거의 1:1의 비율로 V자형을 이룬 것.

3단 교호투창 고배는 a1, a2, b2, b3, b4, c2, c3, c4식, 2단 교호투창 고배 나-1유형은 d2, d3, d4, e2, e3, e4, f3, f4식, 나-2유형은 d3, e4, f4식, 나-3유형은 e5, f5, f6식이 확인된다(그림 71 참조).

교호투창 고배의 型式 共伴 양상이나 유구의 重複 내지는 連接關係를 통하여 相對序列을 파악할 수 있다. 형식 공반을 살펴보면 중산리 Ⅷ-40호에서 a1, a2식, 송정동 25호에서 a1, b2식, 경주 사라리 13호에서 a1, d2식을 확인할 수 있다. 다음은 전읍리 38b호에서 b2, e2식, 중산동 615번지 24

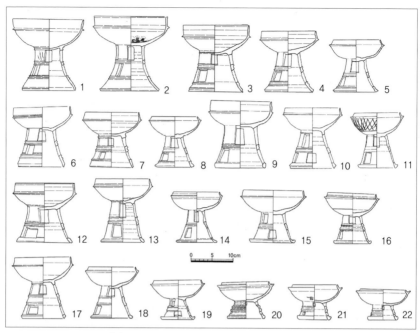

그림 71. 교호투창 고배 형식(가: 1~8, 나1: 9~16, 나2: 17~19, 나3: 20~22)
(1: 중산리40, 2: 중산리33, 3: 북동177석, 4: 산하동70, 5: 북동139석, 6: 하삼정11
위, 7: 중산동22, 8: 북동211석, 9: 북동3목, 10: 하삼정99석, 11: 매곡1A, 12: 산하
동100, 13: 북동171석, 14: 북동11석, 15: 산하동E2, 16: 북동21석, 17: 북동172
석, 18: 산하동E11, 19: 중산동34, 20: 북동30석, 21,22: 북동9실)

호에서 b2, e2, e3식을 볼 수 있다. 이어서 중산동 22호에서 c2, d2, d3식,
약사동 북동 170호에서 c2, d3식, 하삼정 2호 적석목곽묘에서 c2, e2식,
약사동 북동 160호에서 c2, e3식을 관찰할 수 있다. 북동 120호에서는 c3,
d3식, 중산동 62-1호에서는 c3, e3식을 확인할 수 있다. 그리고 중산리 Ⅷ
-74호에서는 d3, e3식, 하삼정 200호에서는 d3, e4식을 볼 수 있다. 중산
동 34호에서는 d4, e4, f4식, 하삼정 256호에서는 d4, f5식을 관찰할 수
있다. 마지막으로 북동 9호에서는 f5, f6식을 볼 수 있다.

이를 통하여 보면 교호투창 고배의 속성은 연속성을 가지면서 조금씩 변화하고 분화되었음을 알 수 있다. 크게는 '가'식에서 '나-1'식으로, '나-1'식에서 '나-2'식과 '나-3'식이 시간차를 두고 변화하면서 분화되었다.

2. 단계 설정과 편년

고배의 형식 분화는 와질, 고식 도질, 신식 도질, 교호투창 고배에서 모두 확인할 수 있다. 먼저 와질 고배는 삼한시대 고배(豆形土器 : 긴 다리가 붙은 접시모양 토기)와 漆 高杯에서 그 조형을 찾을 수 있다.

두형토기는 삼한시대 목관묘에서 출토된다. 울산에서는 유곡동, 신화리, 교동리, 조일리 목관묘 등에서 관찰된다. 교동리 8호 목관묘 출토 두형토기는 전체 높이 18.4㎝, 접시 지름 15.7㎝, 다리 높이 15㎝, 다리 지름 9.7㎝이다(그림 72-1). 교동리 1호 출토 두형토기는 다리 높이 9㎝, 다리 지름 10.8㎝로 8호 두형토기보다 다리가 짧고 나팔상으로 벌어진다. 그리고 토기 표면은 검은색으로 덮여있다(그림 72-2). 유곡동 2호 목관묘에서 출토된 두형토기(그림 73-2)도 교동리 1호 두형토기와 기형, 표면 색조 모두 유사하다.

그림 72. 교동리유적 목관묘 출토 두형토기

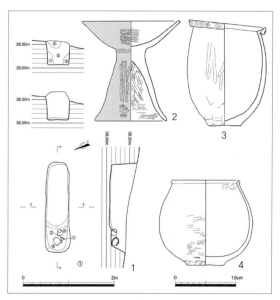

그림 73. 유곡동 2호 목관묘 및 출토유물

　　창원 다호리 1호(그림 74-1)와 경산 임당 저습지(그림 74-4·5)에서 출토된
칠 고배, 울산 교동리 1호 고배를 비롯한 삼한시대 와질 고배는 흑색 안료를
사용하거나 옻칠을 하여 만든 것이다.

　　울산 중산동 26호 출토 고배는 자연과학 분석 결과 토기 표면에 탄소를 함
유하는 흑색의 물질을 도포하였던 것으로 추정되었다.[91] 창원 다호리 1호
출토 원통형칠기 등 6점은 칠층 아래에 煙煤로 보이는 검은색 미립자들이 높
은 밀도로 섞여 있는 것으로 조사되었다. 뿐만 아니라 다호리에서는 도태칠
기도 확인되었다.[92] 따라서 현재까지의 자료로 볼 때, 영남지방 삼한시대 고

91) 이상진 외, 2011, 「Ⅴ. 중산동고분군 출토 토기 재질 분석」『蔚山中山洞古墳群』, 蔚
　　山文化財硏究院.
92) 이용희 외, 2008, 「다호리 유적 출토 칠기의 칠기법 특징」『茶戶里』, 국립중앙박물관.

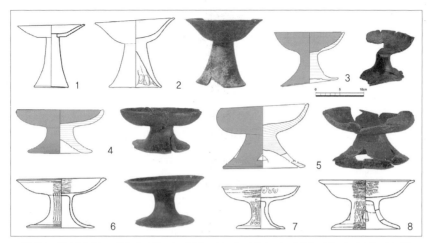

그림 74. 漆 高杯(1: 다호리 1호, 3: 임당 저습지 pit24, 4: 임당 저습지 pit16, 5: 임당 저습지 pit40) 및 瓦質 高杯(2: 교동리 1호, 6: 중산동 26호, 7: 조양동 3호, 8: 하대 38호)

배는 크게 칠 고배와 와질 고배로 나누어짐을 알 수 있다.

　울산지역 와질 고배의 형식은 a1, a2, b1, b2, c1, c2, c3, d3, d4식이 확인된다. 와질 고배는 삼국시대가 되면서 器形에 변화를 보인다. 이 시기의 대표 와질 고배 형식은 d3·4식이다.

　고식 도질 고배는 a1, a2, a3, a4, b5, b6식이 확인된다. 이 단계의 고배는 수량이 많지 않고, 모두 다른 배신부의 형태를 하고 있다. a1식과 a2식이 공반(그림 64-1·3) 하며, a3식(그림 64-5)은 a2식과 유사하다. a4, b5·6식(그림 64-7, 9, 11)은 a1~a3식과 완전히 구별되는 형식이므로 서로 다른 단계로 나눌 수 있다. 이러한 토기는 汎嶺南 樣式으로 廣域 교류체계에 의해 활발한 교류·확산이 이루어짐에 따라 동일 형식 계통의 토기들이 여러 지역에 분포하게 된다.[93]

93) 朴升圭, 2010, 「加耶土器 樣式 硏究」, 東義大學校 大學院 文學博士 學位論文.

신식 도질 고배는 모두 有蓋式으로 a1, b1, b2식이 확인된다. a1식(그림 66-1)이 고식 도질 고배 b5식(그림 64-9)의 대각 형태와 유사하지만 투창과 배신의 형태에서 큰 차이를 보인다. a1식과 b2식(그림 66-5)이 공반 하며, 다양한 속성들이 존재하는 시기이다. 이 단계는 형식 난립기와 병행하는 시기로 판단된다.[94]

교호투창 고배는 3단 대각과 2단 대각이 확인된다. 신식 도질 고배와 같은 일렬 장방형 투창, 삼각형 투창, 배신 내면의 뚜껑받이 턱을 갖지 않는다. 다만 신식 도질 고배 b식의 대각 형태와 1식의 뚜껑받이 턱은 교호투창 고배에서도 확인된다. 신식 도질 고배 b2식(그림 66-6)은 하대 3호 출토 3단 교호투창 고배 a2식과 공반한다. 신식 도질 고배 2식과 유사한 형태는 부산 동래 복천동 25호, 김해 양동 채집품, 경산 임당 E-38호에서도 관찰된다(그림 75-1, 3, 4). 지역별로 기형에서 차이를 보이지만 신식 도질 고배의 일부 요소가 교호투창 고배에 전승되고 있음을 알 수 있다.

3단 교호투창 고배는 a1, a2, b2, b3, b4, c2, c3, c4식, 2단 교호투창 고배 나-1유형은 d2, d3, d4, e2, e3, e4, f3, f4식, 나-2유형은 d3, e4, f4식, 나-3유형은 e5, f5, f6식이 관찰된다. 교호투창 고배는 형식 공반 양상(그림 76, 표 7)과 유구의 중복관계로 순서배열 하였고, 새로운 유형이

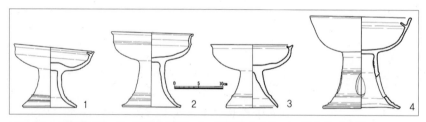

그림 75. 內턱 高杯(1·2: 복천동 25호, 3: 양동리 수습품, 4: 임당 E-38호)

94) 조영제, 2008, 「型式亂立期의 가야토기에 대하여」『考古廣場』, 釜山考古學研究會.

나 형식의 출현을 단계설정 기준으로 삼았다.

표 7. 교호투창 고배 형식 공반(●: 가, ■: 나-1, ▲: 나-2, ◆: 나-3)

형식 유구	a1	a2	b2	c2	c3	d2	d3	d4	e2	e3	e4	f4	f5	f6
중Ⅷ-40	●	●												
중Ⅷ-33		●	●											
중Ⅷ-61			●	●		■								
전38b			●						■					
중615 번지-24			●						■	■				
산162				●	●									
중22				●	●	■	▲		■					
산33				●					■					
북120석				●			▲							
중62-1				●						■				
중Ⅷ-74						■				■				
하Ⅶ-200						■					■			
매1A						■	■			▲		■		
중34										■	■	▲		
하Ⅷ-256										■			◆	
북Ⅴ-9													◆	◆

가장 먼저 교호투창 고배 '가'유형 a1, a2식 출현단계, 다음은 '가'유형 b2, c2식과 함께 나-1유형 d2, e2식 등장단계, 이어서 '가'유형 b3, c3식, '나-1'유형 d3, e3식과 새롭게 등장한 '나-2'유형 d3식 단계, 그리고 '가'유형 b4, c4식, 나-1유형 d4, e4, '나-2'유형은 e4식 단계, '나-1'유형 f3, f4식, '나-2'유형 f4식 단계, '나-3'유형 e5, f5식 단계, 마지막으로 '나-3'유형 f6식 출현단계이다.

이를 통하여 볼 때, 울산지역의 삼국시대 고배는 크게 10단계로 나누어 변화해 왔음을 알 수 있다. 기존의 연구에서 자료의 부족으로 통합하였던 Ⅰ·

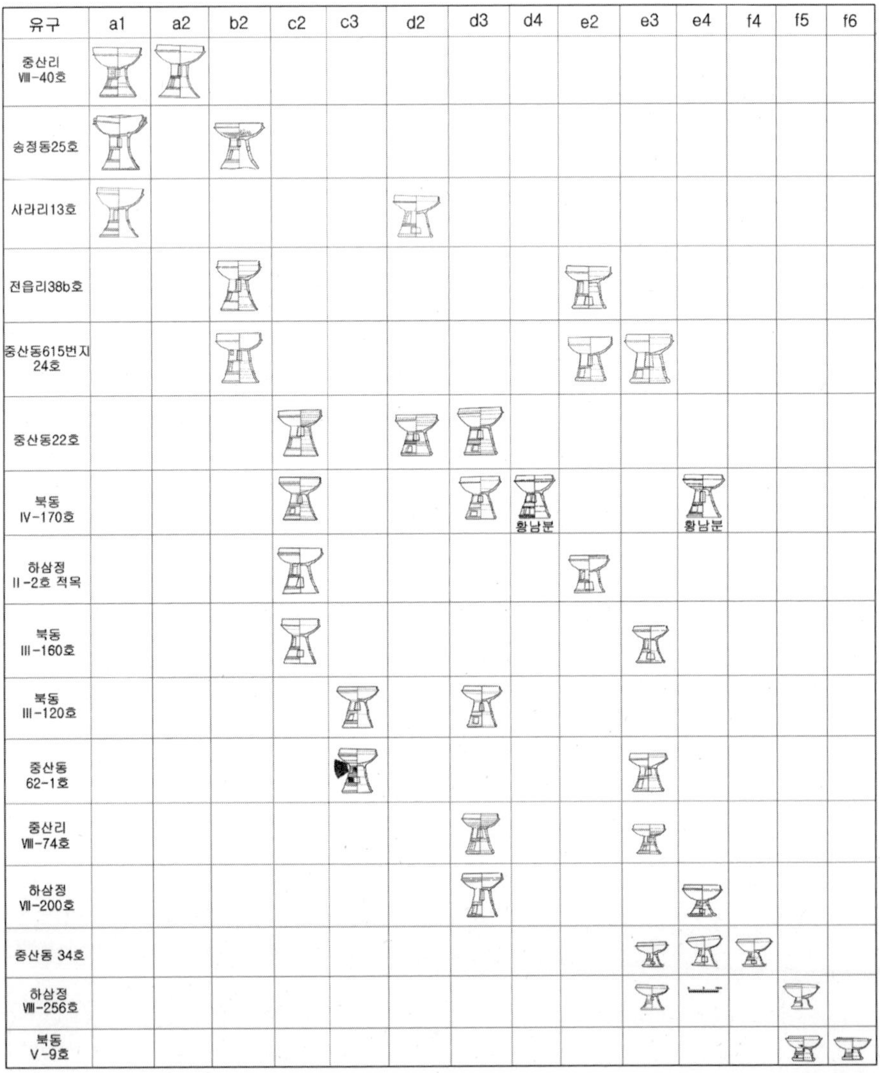

유구	a1	a2	b2	c2	c3	d2	d3	d4	e2	e3	e4	f4	f5	f6
중산리 VIII-40호														
송정동25호														
사라리13호														
전읍리38b호														
중산동615번지 24호														
중산동22호														
북동 IV-170호								황남분			황남분			
하삼정 II-2호 적목														
북동 III-160호														
북동 III-120호														
중산동 62-1호														
중산리 VIII-74호														
하삼정 VII-200호														
중산동 34호														
하삼정 VIII-256호														
북동 V-9호														

그림 76. 교호투창 고배의 형식 공반 양상

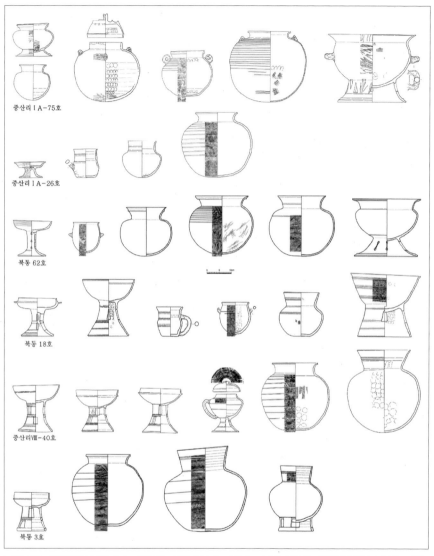

그림 77. 1단계(중산리 ⅠA-75호), 2단계(ⅠA-26호 · 북동 62호), 3단계(북동 18호), 4단계(중산리 Ⅷ-40호), 5단계(북동 3호) 공반 토기

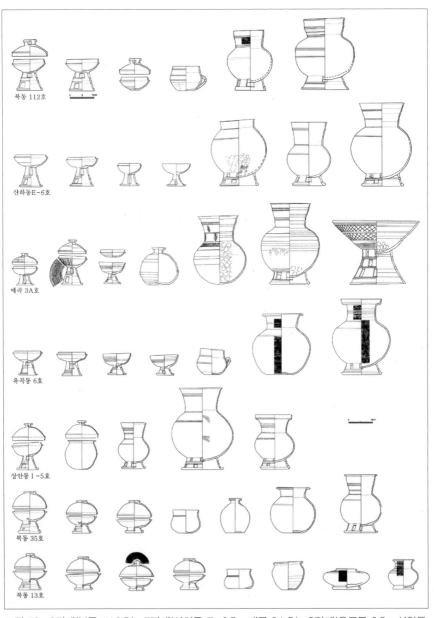

그림 78. 6단계(북동 112호), 7단계(산하동 E-6호 · 매곡 3A호), 8단계(유곡동 6호 · 상안동 I -5호), 9단계(북동 35호), 10단계(북동 13호) 공반 토기

V·Ⅵ기의 편년을 각각 2개 단계씩 세분하여 총 10개의 단계가 된다. 따라서 시간 범위는 4~7세기에 해당하고 1세기를 전·중·후반으로 구분하였다. 그리고 묘제의 양상이 동일한 3세기 후반은 1단계에, 7세기 이후는 10단계에 포함시킨다.

1단계는 와질 고배 단계로 3세기 후반~4세기 전반에 해당된다. 구연부가 짧게 외반 하는 臺附壺와 爐形器臺가 부장된다. 2단계는 고식 도질 고배 단계로 4세기 중반에 해당하며, 새로운 기종이 把杯, 長頸壺가 출현한다. 3단계는 신식 도질 고배 단계로 4세기 후반에 해당되며, 鉢形器臺가 부장된다. 4단계는 3단 교호투창 고배가 출현하는 단계이며, 5세기 전반에 해당된다. 5단계는 5세기 중반에 해당되며, 2단 교호투창 고배 나-1유형과 臺附長頸壺가 부장된다. 6단계는 5세기 후반에 해당되며, 2단 교호투창 고배 나-2유형과 蓋杯가 등장한다. 7단계는 6세기 전반에 해당되며, 교호투창 고배 '가'유형과 '나-1'유형, '나-2'유형 4식이 공존하고, 臺附盌, 甁이 출현한다. 8단계는 6세기 중반에 해당되며, 교호투창 고배 '나-1'유형과 '나-2'유형의 f식, 附加口緣臺附長頸壺, 盌 등이 부장된다. 9단계는 6세기 후반에 해당되며, 교호투창 고배 '나-3'유형 e5, f5식, 10단계는 7세기 전반에 해당되며, 교호투창 고배 '나-3'유형 f6식이 등장한다.

V
고분의 전개 양상과 시기별 특징

1. 고분의 전개 양상

울산지역의 삼국시대 묘제는 크게 목곽묘, 석곽묘, 횡구식 석실묘, 횡혈식 석실묘 순으로 전개된다. 북부권역은 중산동, 송정동, 산하동, 중부권역은 다운동과 약사동, 서부권역은 하삼정, 조일리, 전읍리, 남부권역은 대대리, 두왕동, 명산리, 처용리 등에서 이러한 묘제의 변화를 관찰할 수 있다. 고배의 형식분류에 따라 10단계로 나누어 고분의 전개 양상을 살펴보고자 한다.

1단계는 중산동에서 순수목곽묘 Ⅰ~Ⅴ유형, 위석목곽묘 Ⅰ, Ⅲ~Ⅴ유형이 관찰된다. 다운동에서는 순수목곽묘 Ⅲ, Ⅳ유형, 하삼정에서는 순수목곽묘 Ⅰ~Ⅴ유형, 하대에서는 순수목곽묘 Ⅱ~Ⅴ유형이 축조된다.

중산리 ⅠA-74·75호 위석목곽묘는 連接墳으로 74호 南長壁에 잇대어 75호를 나란하게 축조하였다. 74호는 평면형태가 장방형이고, 75호는 세장한 '日'자형을 이루고 있어서 평면형태의 변화를 확인할 수 있다. 充塡石은 大小 不定의 석재를 사용하였으며, 타원형의 묘역시설을 갖추었다. ⅠA-75호 위석목곽묘에는 판갑, ⅠA-100호 순수목곽묘에는 투구가 부장되어 위계 차이를 보이기 시작한다.

다운동 가-60호, 바-8호 순수목곽묘는 Ⅲ유형 '나d'식으로 동혈 주부곽식이다. 가-60호와 바-8호는 평면형태에서 동일하지만 바-8호는 주곽의 전면에 20㎝ 내외의 시상을 깔았고, 부곽 내외면에 기둥을 설치하였다.

하삼정 가-26호 순수목곽묘는 Ⅰ유형으로 札甲을 포함한 矛, 鏃 등이 부장되었다. 순수목곽묘 Ⅱ유형인 하삼정 가-77호는 環頭大刀를 포함한 板狀鐵矛, 부, 도자 등을 부장하였고, 바닥에 아무런 시설을 마련하지 않았다.

하대에서는 순수목곽묘 Ⅱ유형 '가c'식, Ⅲ유형 '가d', '가e', '나e'식, Ⅳ유형 '가f', '나f'식, Ⅴ유형 '가g'식이 확인되며, 床面에 아무런 시설을 마련하지 않았다.

2단계는 중산동에서 순수목곽묘 Ⅰ~Ⅴ유형과 위석목곽묘 Ⅳ유형이 그대로 이어진다. 송정동·북동·상안동에서 순수목곽묘 Ⅲ유형이 조영된다. 하삼정에서는 순수목곽묘 Ⅱ~Ⅴ유형이 그대로 이어지고, 구미리에서 순수목곽묘 Ⅰ~Ⅴ유형이 출현한다.

중산동 615번지 22호 순수목곽묘는 Ⅲ유형 '다d'식이며, 주·부곽의 床面 높이가 같고 아무런 시설을 하지 않았다. 중산리 ⅠA-26호 위석목곽묘는 Ⅱ유형 '나b'식이며, 縱楕圓形 석재 墓域施設을 갖추고 있다.

북동 57호 순수목곽묘는 Ⅲ유형 '다e'식에 해당하며, 전체 평면이 매우 세장하다. 부곽의 바닥이 주곽보다 높은 고상이며, 바닥에 아무런 시설을 하지 않았다. 구릉 높은 쪽 북쪽에는 눈썹모양의 周溝를 돌렸다.

하삼정 가-67호는 순수목곽묘 Ⅳ유형 '나f'식으로 중형분에 해당하며, 겸, 도자, 경식 등이 출토되었다. 구미리 15호는 Ⅰ유형 '가a'식으로 소형분이며, 板甲을 포함한 矛, 斧를 부장하였다. 구미리 40호는 Ⅳ유형 '다f'식으로 부곽의 평면형태가 방형을 이루고 있으며, 부곽의 바닥이 주곽보다 높은 高床이다. 구미리에서 순수목곽묘는 대부분 바닥에 아무런 시설을 마련하지 않았으나 Ⅴ유형 '가g'식인 18호는 북쪽 단벽을 제외한 전면에 시상을 깔았다.

3단계는 중산동에서 위석목곽묘 Ⅱ유형이 출현하며, 위석목곽묘가 점차 증가한다. 호계동에서 순수목곽묘 Ⅲ유형, 송정동에서 순수목곽묘 Ⅴ유형, 산하동 화암에서 순수목곽묘 Ⅲ~Ⅴ유형이 조영된다. 북동에서는 순수목곽묘 Ⅰ~Ⅴ유형, 위석목곽묘 Ⅱ유형, 상안동에서는 순수목곽묘 Ⅲ유형이 축조된다. 하삼정에서는 순수목곽묘 Ⅲ~Ⅴ유형, 석곽묘 Ⅱ~Ⅴ유형, 구미리에서 순수목곽묘 Ⅲ~Ⅴ유형이 조영된다. 양동에서는 순수목곽묘 Ⅳ유형이 축조된다.

중산리 Ⅷ-14호 위석목곽묘는 Ⅱ유형 '마b'식에 해당하며, 주·부곽의 바닥을 한 단 더 낮추어 '凹'자상으로 굴착하였다. 부곽의 바닥이 주곽에 비하여 낮은 低床이며, 주곽의 바닥은 불규칙하지만 전면에 시설을 하였다. 충전석은 전 단계에 비하여 일정한 크기의 석재를 사용하였다.

송정동에서 순수목곽묘 Ⅲ유형 '가d'식인 C-5호와 Ⅴ유형 '나g'식인 6호는 바닥에 아무런 시설을 하지 않았다. 반면에 산하동 화암에서 순수목곽묘 Ⅲ유형인 1, 5, 9, 10호, Ⅳ유형인 3호, Ⅴ유형인 2, 4, 6~8, 11, 12호는 바닥 전체에 시상을 깔았으며, 한쪽 또는 양쪽 단벽부에 타원형 수혈을 설치하였다. 이러한 타원형 수혈은 산하동 순수목곽묘에서 6단계까지 지속해서 사용된다.

북동 53·62호 순수목곽묘는 Ⅳ유형 '나f'식으로 주곽의 전면에 시상을 깔았다. 62호는 주곽과 격벽에 일부분 석재를 충전 하였다. 북동 18호 위석목곽묘는 Ⅱ유형 '나c'식으로 주곽의 전면에 'U'자상의 시상을 깔았다. 주곽의 결구에는 꺾쇠를 사용하였다. 전 단계에 이어서 구릉 높은 쪽에 주구를 돌렸다.

하삼정 나-231호 석곽묘는 Ⅱ유형 '마b'식으로 부곽의 바닥이 주곽보다 높은 고상이며, 바닥에 아무런 시설을 마련하지 않았다. 유물은 재갈을 포함한 환두대도, 모 등을 부장하였다. 하삼정 나-348호 석곽묘는 Ⅳ유형 '가f'식으로 양쪽 단벽을 제외한 전면에 시상을 깔았다. 하삼정 나-295호는 Ⅴ유형 '가g'식으로 하단은 수적, 상단은 평적기법으로 축조하였다.

양동 24호 순수목곽묘는 세장방형으로 바닥에 아무런 시설을 설치하지 않앉다.

4단계는 중산동에서 석곽묘 Ⅴ유형, 송정동에서 순수목곽묘 Ⅳ유형, 위석목곽묘 Ⅴ유형, 호계동에서 순수목곽묘 Ⅳ유형, 율동에서 순수목곽묘 Ⅲ유형이 새롭게 조영된다. 북동에서 순수목곽묘 Ⅲ~Ⅴ유형, 석곽묘 Ⅳ, Ⅴ유형, 상안동에서 순수목곽묘 Ⅴ유형이 축조된다. 하삼정에서 위석목곽묘 Ⅱ, Ⅲ유형, 전읍리 갑골과 조일리에서 순수목곽묘 Ⅲ, Ⅴ유형이 조영된다. 하대에서는 순수목곽묘 Ⅲ유형이 이어져 온다.

중산동 16호 위석목곽묘는 Ⅳ유형 '라4'식, 중산리 ⅠA-51호 위석목곽묘는 '나4'식으로 호석과 주구를 갖추었다. 호석은 3~4단 정도로 쌓아 올렸으며, 圓形을 이루고 있다. 순수목곽묘 Ⅲ유형 '마3'식인 율동 55호와 순수목곽묘 Ⅳ유형 '마4'식인 중산리 Ⅷ-35호, 석곽묘 Ⅳ유형 '가4'식인 중산리 Ⅷ-40호는 부곽의 바닥이 주곽보다 높은 고상이다. 바닥에는 대부분 아무런 시설을 마련하지 않았으나 신현동과 산하동에서 냇돌을 깔았다. 벽면에는 일부분 보강석을 사용하였으며, 한쪽 또는 양쪽 단벽부에 타원형 수혈을 배치하였다.

북동 113호 석곽묘는 Ⅴ유형 '가g'식이다. 평적기법으로 축조하였으며, 양쪽 단벽을 제외한 매장주체부 공간에 시상을 깔았다. 지형이 높은 북쪽으로는 주구를 돌렸다. 북동 90호 석곽묘는 파괴가 심하게 이루어졌으나 잔존양상을 통하여 볼 때, 하단은 垂積, 상단은 平積으로 축조하였으며, 매장주체부 공간에 바닥시설을 마련하였다.

하삼정 가-3호 위석목곽묘는 Ⅱ유형 '라b'식으로 부곽의 바닥이 주곽보다 높은 고상이다. 주곽은 남쪽 단벽부를 제외한 전면에 시상을 깔았다. 유물은 등자, 재갈, 환두대도 등을 부장하였다. 하삼정 가-16호 위석목곽묘는 Ⅲ유형 '가d'식으로 부곽의 바닥이 주곽보다 높은 고상이며, 주곽의 서쪽 단벽을 제외한 전면에 시상을 깔았다. 전읍리 갑골 14b호 순수목곽묘는 Ⅲ유형 '가d'식, 14a호 순수목곽묘는 Ⅴ유형 '가g'식으로 소형분이며, 바닥에 아무런 시설을 마련하지 않았다. 조일리에서는 순수목곽묘 Ⅲ유형 '가d', '가e', '나d'

식, Ⅴ유형 '가g', '나g'식이 확인되며, 바닥에 아무런 시설을 설치하지 않았다.

하대에서는 순수목곽묘 Ⅲ유형 '가e', '나d', '나e'식으로 바닥에 아무런 시설을 마련하지 않았다.

5단계는 중산동에서 석곽묘 Ⅲ, Ⅳ유형, 송정동에서 위석목곽묘 Ⅲ유형, 산하동에서 순수목곽묘 Ⅱ유형, 석곽묘 Ⅴ유형, 율동에서 순수목곽묘 Ⅳ유형이 출현한다. 다운동에서는 석곽묘 Ⅲ~Ⅴ유형, 북동에서는 순수목곽묘 Ⅰ~Ⅳ유형, 위석목곽묘 Ⅳ유형, 석곽묘 Ⅳ, Ⅴ유형, 상안동에서는 순수목곽묘 Ⅴ유형, 위석목곽묘 Ⅴ유형이 축조된다. 하삼정에서는 위석목곽묘 Ⅳ유형, 전읍리 갑골에서는 순수목곽묘 Ⅳ유형, 조일리에서는 순수목곽묘 Ⅱ유형, 석곽묘 Ⅲ~Ⅴ유형이 새롭게 축조된다. 양동에서는 적석목곽묘 Ⅳ유형이 출현한다.

송정동 C-11호 위석목곽묘는 Ⅲ유형 '다d'식, 중산동 2호는 '다e'식, 중산동 615번지 24호·중산동 4호는 Ⅳ유형 '다f'식, 중산동 17호는 Ⅴ유형 '다g'식으로 대부분 발치에 유물을 부장하지 않고 머리쪽 상부에 소형토기, 부곽에 대형토기를 부장하였다. 석곽묘는 전 단계와 마찬가지로 목개를 횡가 하였다.

북동 169호 석곽묘는 Ⅳ유형 '마f'식에 해당하며, 부곽의 바닥이 주곽보다 높은 고상이다. 부곽은 목곽으로 타원형을 이루고 있다. 주곽은 매장주체부 공간에만 시상을 마련하고, 양쪽 단벽에 유물을 부장하였다.

상안동 Ⅲ-44호 위석목곽묘는 Ⅳ유형 '다f'식이며, 부곽의 바닥이 주곽보다 낮은 저상으로 아무런 시설을 하지 않았다. 순수목곽묘 Ⅳ유형인 상안동 Ⅲ-54호는 부곽의 바닥이 주곽보다 높은 고상이다. 순수목곽묘 Ⅲ유형인 상안동 Ⅲ-65호는 양쪽 단벽을 제외한 매장주체부 공간에 시상을 깔았으며, 벽면에 일부분 석재를 충전하였다.

하삼정 가-6호 위석목곽묘는 Ⅳ유형 '가f'식으로 양쪽 단벽부를 제외한 피장자 공간에 시상을 깔았다. 유물은 겸, 도자 등을 부장하였다. 전읍리 갑골 38b호 순수목곽묘는 Ⅳ유형 '나f'식, 30호는 순수목곽묘 Ⅴ유형 '나g'식으로

구분	북부	중부	서부	남부
1단계	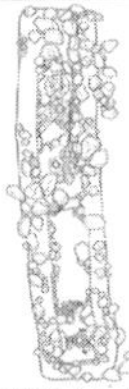 중산리 ⅠA-75호	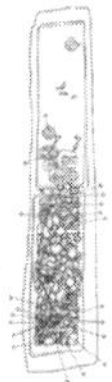 디온동 Ⅶ-8호	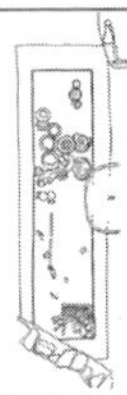 하삼정 가-5호	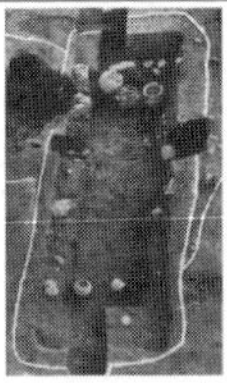 하대 가-22호
2단계	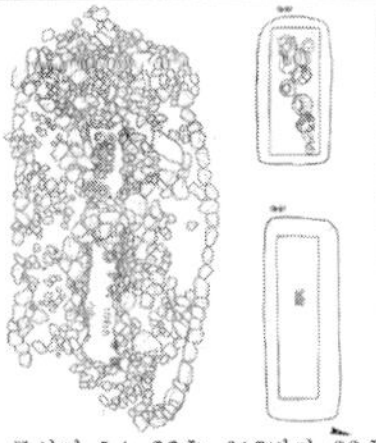 중산리 ⅠA-26호 615번지-22호	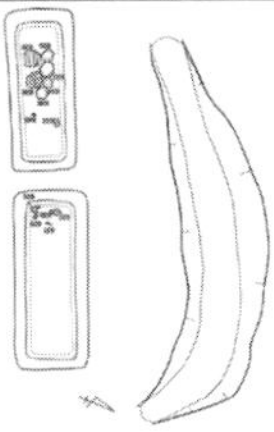 북동 57호	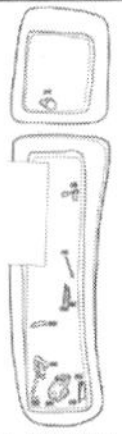 구미리 709번지-4호	
3단계	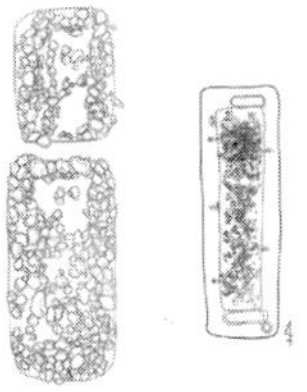 중산리 Ⅷ-14호 화암 10호	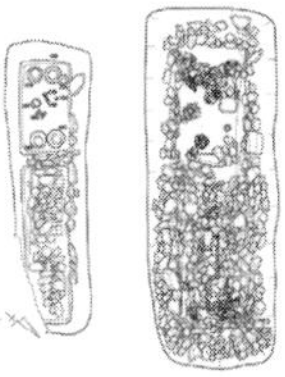 북동 53호 북동 18호	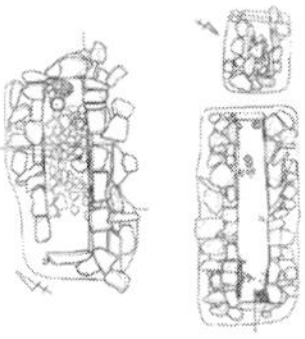 하삼정 348호 하삼정 231호	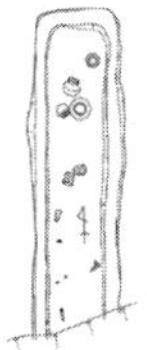 양동 24호
4단계	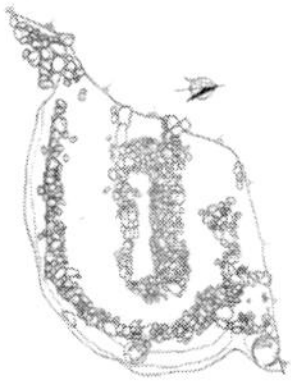 중산리 ⅠA-51호	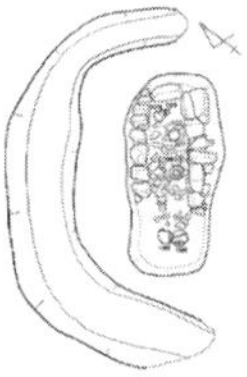 북동 113호	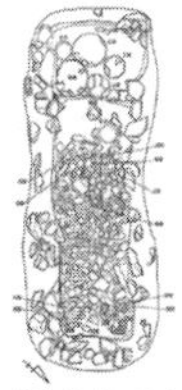 하삼정 가-16호	 하대 나-2호
5단계	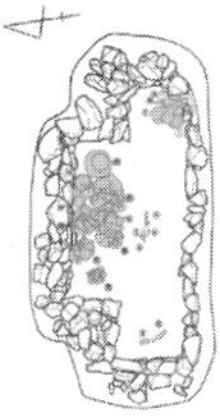 송정 C-11호	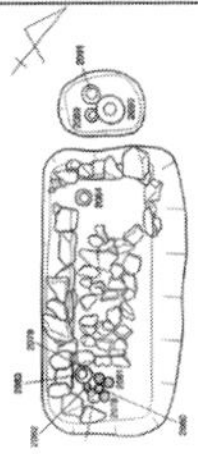 북동 169호	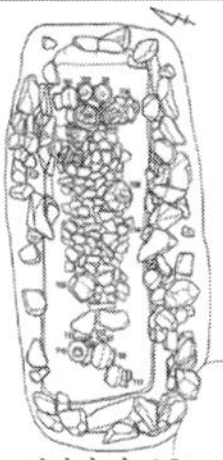 하삼정 가-6호	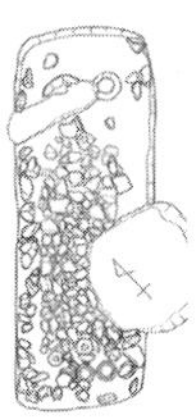 양동 19호

그림 79. 1~5단계 권역별 묘제(축척부동)

소형분이며, 바닥에 아무런 시설을 마련하지 않았다.

양동 19호 적석목곽묘는 소형분으로 IV유형 '가f'식이며, 한쪽 단벽을 제외한 전면에 시상을 깔았다.

6단계는 중산동에서 적석목곽묘 III유형, 송정동에서 위석목곽묘 III, IV유형, 적석목곽묘 IV유형, 산하동에서 위석목곽묘 V유형, 석곽묘 II~IV유형, 율동에서 순수목곽묘 V유형, 위석목곽묘 II, IV, V유형, 석곽묘 III~V유형, 화봉동에서 석곽묘 II, III, V유형이 새롭게 조영된다. 다운동에서는 위석목곽묘 III, IV유형, 북동에서는 위석목곽묘 V유형, 석곽묘 II, III유형이 새롭게 축조된다. 하삼정에서는 석곽묘 I유형, 전읍리 갑골에서는 순수목곽묘 II유형, 위석목곽묘 III, V유형, 조일리에서는 석곽묘 II유형이 새롭게 등장한다. 중대에서는 위석목곽묘 III~V유형, 석곽묘 III, V유형, 운화리에서는 위석목곽묘 III유형, 석곽묘 II~V유형, 석실묘 I유형, 처용리에서는 순수목곽묘 III~V유형, 위석목곽묘 III~V유형, 석곽묘 V유형, 양동리에서는 적석목곽묘 II유형이 조영된다.

송정동 C-12호 순수목곽묘는 III유형 '가e'식, 송정동 C-68호는 IV유형 '가f'식으로 발치에 방형의 저상 부장공간을 마련하였다. 송정동 C-56호 위석목곽묘는 V유형 '가g'식으로 장방형의 저상 부장공간 내부에 다량의 토기를 부장하였다.

다운동 바-18호 위석목곽묘는 IV유형 '나f'식으로 피장자 공간에만 시상을 깔았으며, 부곽의 바닥이 주곽보다 높은 고상이다. 주곽에는 목곽의 흔적이 잔존한다. 다운동 골-4호 위석목곽묘는 IV유형 '라f'식이며, 북쪽 단벽을 제외한 전면에 시상을 깔았다. 다운동 마-14호 석곽묘는 IV유형 '가f'식으로 시상이 벽석 가장자리에서 10cm 정도의 간격을 두고 깔렸다.

상안동 III-80호 석곽묘는 IV유형 '가f'식, II-9, III-12, 81, 103호는 석곽묘 V유형 '가g'식으로 바닥의 중앙에서 시작하여 남·서 단벽 쪽으로 장방형의 유물 부장갱을 설치하였다. III유형 '가e'식인 III-62호와 V유형 '가g'식인 III-61호는 바닥 중앙에 장방형의 유물 부장갱을 설치하였다. 상안동

Ⅱ-2, 16호 봉토분은 석곽묘로 Ⅱ유형 '라b'식에 해당하며, 등자, 재갈이 포함된 출토 유물 조합상을 가진다. 부곽은 원형을 이루며, 바닥이 주곽보다 낮은 저상이고, 하단은 수적, 상단은 평적기법을 주로 이용하였다. 상안동에서의 석곽묘 '라'식은 대부분 이와 같은 방법으로 축조되었으며, 9단계까지 지속된다.

하삼정 나-240호 석곽묘는 Ⅰ유형 '가a'식으로 동쪽 단벽부만 잔존한다. 전체 규모는 정확하게 알 수 없으나 너비가 100㎝ 정도인 것으로 볼 때, 중형분으로 판단된다. 벽석은 평적기법으로 축조하였으며, 잔존하는 바닥 전체에 시상을 깔았다. 유물은 금동관과 경식이 출토되었다. 하삼정 가-300호 석곽묘는 Ⅴ유형 '가g'식이며, 수적기법으로 축조하였다. 하삼정 나-245호 석곽묘는 Ⅴ유형 '나g'식으로 부곽의 바닥이 주곽보다 높은 고상이다. 시상은 주곽의 매장주체부 공간에만 깔았다. 하삼정 나-154호 석곽묘는 Ⅳ유형 '라f'식으로 부곽이 주곽보다 낮은 저상이며, 주곽의 바닥에 시상을 깔았다.

전읍리 갑골 33b호 순수목곽묘는 Ⅲ유형 '가d'식으로 부곽의 바닥이 주곽보다 높은 고상이며, 바닥에 아무런 시설을 마련하지 않았다. 위석목곽묘 Ⅲ유형 '가d'식인 전읍리 갑골 45b호, 위석목곽묘 Ⅴ유형 '가g'식인 19a호는 양쪽 단벽을 제외한 매장주체부 공간에 시상을 깔았다. 조일리(창) 1-2호 석곽묘는 Ⅴ유형 '라g'식으로 바닥에 아무런 시설을 마련하지 않았다.

운화리 30호 석실묘는 Ⅰ유형으로 동쪽 단벽부를 제외한 전면에 시상을 설치하였다. 주구와 호석을 갖추었으며, 서쪽 단벽부에 묘도를 마련하였다.

7단계는 중산동에서 적석목곽묘 Ⅳ유형, 석곽묘 Ⅱ유형, 석실묘 Ⅰ, Ⅱ유형, 송정동에서 석곽묘 Ⅱ~Ⅴ유형, 율동에서 순수목곽묘 Ⅱ유형, 위석목곽묘 Ⅲ유형, 석곽묘 Ⅱ유형, 화봉동에서 석곽묘 Ⅳ유형, 매곡동에서 적석목곽묘 Ⅱ~Ⅴ유형, 효문동 죽전곡에서 석실묘 Ⅱ유형, 산하동에서 석실묘 Ⅰ유형이 축조된다. 다운동에서는 위석목곽묘 Ⅲ~Ⅴ유형, 석곽묘 Ⅴ유형, 북동에서는 순수목곽묘 Ⅲ~Ⅴ유형, 석곽묘 Ⅱ~Ⅴ유형, 상안동에서는 위석목곽묘 Ⅳ유형, 석곽묘 Ⅱ~Ⅴ유형이 그대로 이어지고, 석실묘 Ⅰ유형이 상안동에서 새롭게 축조된다. 하삼정에서는 전 단계의 석곽묘 Ⅰ~Ⅴ유형이 그대로 이어지고, 석실묘 Ⅰ~Ⅲ유형, 전읍리 갑골에서는 위석목곽묘 Ⅳ유형, 석곽묘 Ⅲ~Ⅴ유형, 교동리에서는 석곽묘 Ⅲ~Ⅴ유형, 조일리에서는 석곽묘 Ⅰ, Ⅱ유형, 반천리 천소에서는 석곽묘 Ⅴ유형이 새롭게 축조된다. 중대에서는 석곽묘 Ⅱ유형, 석실묘 Ⅱ-1유형, 양동에서는 적석목곽묘 Ⅳ유형, 석실묘 Ⅰ유형, 운화리에서는 위석목곽묘 Ⅱ, Ⅳ, Ⅴ유형, 석실묘 Ⅰ유형, 처용리에서는 석곽묘 Ⅱ~Ⅴ유형, 석실묘 Ⅲ유형이 새롭게 축조된다.

중산동에서 석실묘는 Ⅰ유형 '나A1'식인 Ⅷ-1호와 Ⅱ유형 '나B2'식인 Ⅴ-7호가 확인된다. 매곡동에서 적석목곽묘는 평면형태 'ㅏ'·'T'자형이 중심을 이루며, 호석과 주구를 갖춘 연접 다곽식이다. 송정동과 화봉동에서도 평면형태 'ㅏ'·'T'자형이 집중 축조된다.

다운동 골-2호 위석목곽묘는 Ⅲ유형 '다e'식으로 동쪽 단벽부를 낮게 굴착한 저상이며, 피장자 공간에만 시상을 깔았다. 상안동 Ⅱ-46호 석곽묘는 Ⅴ유형 '가g'식으로 벽석 하단은 수적, 상단은 평적하였다. 부곽의 바닥이 주곽보다 낮은 저상이며, 바닥에 아무런 시설을 하지 않았다. Ⅲ-35호 석곽묘는 Ⅴ유형 '가g'식으로 가장자리를 따라 10~15㎝ 정도의 간격을 두고 있어서 목곽을 설치한 것으로 판단된다. 상안동 Ⅰ-28호 석실묘는 Ⅰ유형 '가A1'식, 상안동 Ⅰ-2·54호는 '가A2'식이다. 상안동 Ⅰ-28호는 상하층 전면에 시상을 마련하였다. Ⅰ-2호는 기존의 석곽묘 '라'식을 재이용하여 동쪽 단벽과 서쪽 장벽에 치우쳐서 시상을 마련하였다.

하삼정 나-115호 석곽묘는 Ⅰ유형 '마a'식으로 부곽의 바닥이 주곽보다 높은 고상이다. 유물은 판갑을 포함한 등자, 재갈, 환두대도, 모, 촉, 부, 겸 등을 부장하였다. 하삼정 27호는 석실묘 Ⅰ유형 '가A1'식, 17호는 Ⅱ유형 '나B1'식, 20호는 Ⅲ유형 '나C3'식에 해당한다. 전읍리 갑골 13c호 위석목곽묘는 Ⅴ유형 '다g'식으로 동쪽 단벽부에 소형토기, 부곽에 대형토기를 부장하였다. 석곽묘 Ⅴ유형 '다g'식인 전읍리 갑골 47a호, Ⅳ유형 '다f'식인 하삼정 가-136호와 함께 서부권역에서 찾아보기 어려운 유형이다. 전읍리 갑골 13c호는 바닥에 아무런 시설을 하지 않았고, 전읍리 갑골 47a호와 하삼정 가-136호는 주곽의 동쪽 단벽부를 제외한 나머지 공간에 시상을 깔았다.

전읍리 갑골 45a·47b호 석곽묘는 Ⅳ유형 '라f'식에 속한다. 45a호는 바닥에 아무런 시설을 하지 않았고, 47b호는 서쪽 유물 부장공간을 제외한 나머지 공간에 시상을 깔았다. 교동리에서 석곽묘는 대부분 하단을 수적하고, 상단은 평적 하였으며, 바닥에 시상을 마련한 비율이 높다. 천소 3호 석곽묘는 Ⅴ유형 '가f'식으로 바닥 전체에 시상을 깔았다.

조일리(창) 5-2호, 35호, 49-2호 석곽묘는 Ⅰ유형으로 금동관을 부장하였다. 5-2호는 평적에 서쪽 유물부장공간이 높은 고상이며, 판상철정, 유자이기, 겸, 금동관, 경식 등이 출토되었다. 35호도 고상 부곽으로 탁, 철정, 촉, 삼엽문환두대도, 금동관이 출토되었다. 49-2호는 평적으로 바닥에 아무시설이 없으며, 二枝槍, 도자, 탁, 삼엽문환두대도, 금동관, 태환이식 등이 출토되었다.

중대 38호는 석실묘 Ⅰ유형 '나A2'식, 양동 32호는 '나A1'식에 해당한다. 운화리 3-1호 위석목곽묘는 Ⅱ유형 '가b'식으로 서쪽 단벽부를 제외한 전면에 시상을 깔았다. 소형분이며, 유물은 재갈과 철모, 철촉, 철부 등을 부장하였다. 운화리 1호는 석실묘 Ⅰ유형 '나A1'식, 처용리 Ⅱ가-5호는 석곽묘 Ⅲ유형 '가d'식으로 평적, 처용리 Ⅱ나-5·Ⅱ가-27호는 Ⅴ유형 '가g'식으로 下垂上平積·垂積, 처용리 21번지 8호는 석실묘 Ⅲ유형 '나C3'식에 속한다.

8단계는 중산동에서 석곽묘 Ⅱ~Ⅴ유형과 석실묘 Ⅴ유형, 송정동에서 순수목곽묘 Ⅴ유형, 위석목곽묘 Ⅳ유형, 석곽묘 Ⅱ~Ⅴ유형, 석실묘 Ⅴ유형, 화봉동에서 석곽묘 Ⅱ, Ⅲ, Ⅴ유형, 석실묘 Ⅰ, Ⅳ유형, 산하동에서 석곽묘 Ⅲ~Ⅴ유형, 석실묘 Ⅱ, Ⅲ, Ⅴ유형, 산하동 화암에서 석실묘 Ⅳ, Ⅴ유형, 주전동에서 석실묘 Ⅱ유형이 등장한다. 다운동에서는 석곽묘 Ⅴ유형, 북동에서는 석곽묘 Ⅲ~Ⅴ유형, 약사동에서는 석실묘 Ⅲ, Ⅴ유형, 유곡동에서는 위석목곽묘 Ⅳ, Ⅴ유형, 석곽묘 Ⅴ유형, 석실묘 Ⅱ, Ⅳ, Ⅴ유형, 상안동에서는 석곽묘 Ⅲ~Ⅴ유형, 석실묘 Ⅱ유형이 축조된다. 하삼정에서는 석곽묘 Ⅱ~Ⅴ유형, 석실묘 Ⅱ유형, 전읍리 갑골에서는 순수목곽묘 Ⅳ, Ⅴ유형, 위석목곽묘 Ⅳ유형, 석곽묘 Ⅲ~Ⅴ유형, 교동리에서는 석곽묘 Ⅲ~Ⅴ유형이 그대로 축조되고, 조일리에서 석실묘 Ⅲ유형이 새롭게 등장한다. 운화리에서는 위석목곽묘 Ⅳ유형, 석곽묘 Ⅳ유형, 처용리에서는 순수목곽묘 Ⅲ~Ⅴ유형, 석곽묘 Ⅲ~Ⅴ유형이 계속 이어지고, 온산에서 석실묘 Ⅰ, Ⅱ, Ⅲ유형, 두왕동에서 석실묘 Ⅰ유형을 축조한다.

중산동 산96-10호 석실묘는 Ⅴ유형 '다E4'식으로 半地上式이며, 圓形의 護石을 갖추었다. 중산리 Ⅳ-19호 석실묘는 Ⅰ유형 '나A1'식으로 상·하층 시상을 마련하였다. 하층 1차 시상은 10㎝ 내외의 냇돌을 전면에 깔았다. 2차 시상은 20㎝ 내외의 냇돌을 바닥 절반 범위에 서쪽으로 치우쳐서 마련하였다.

약사동⒣ 3호는 석실묘 Ⅲ유형 '나C3'식이고, 약사동⒥ 1호는 석실묘 Ⅱ유형 '다B3'식에 해당한다. 유곡동에서 위석목곽묘는 대부분 할석으로 충전하였으며, 바닥 전면에 시상을 깔았다. 유곡동 47호 석실묘는 Ⅱ유형 '나B4'식으로 오벽, 좌측, 우측 순으로 3차에 걸쳐 시상을 마련하였다. 14호 석실묘는 Ⅳ유형 '다D2'식으로 연도 좌측에 1차 시상을 설치하였다. 상안동 Ⅰ-1호는 석실묘 Ⅱ유형 '나B4'식으로 오벽에 1차 시상을 마련하였다.

하삼정 14호 석실묘는 Ⅱ유형으로 바닥 전체에 시설을 마련하였다. 조일리⒤ 85호 석실묘는 Ⅲ유형 '나C3'식으로 출입구 우측에 시상을 설치하였다.

온산 11호는 석실묘 Ⅰ유형 '가A3'식, 29호는 Ⅰ유형 '나A2'식, 7호는 Ⅱ유형 '나B4'식, 34호는 '다B4'식, 38호는 Ⅲ유형 '나C3'식, 28호는 '다C3'식, 두왕동 1호는 Ⅰ유형 '나A1'식이다. 온산에서 횡구식 석실묘는 왼쪽에 출입구를 설치하고 현실 우측에 1차 시상을 마련한 '다C3'식의 비율이 높게 나타난다.

9단계는 중산동, 송정동, 산하동에서 석곽묘 Ⅴ유형이 전 단계에 이어서 지속해서 축조되며, 10단계까지 이어진다. 송정동에서는 석실묘 Ⅳ, Ⅴ유형, 산하동 화암에서는 석실묘 Ⅴ유형, 주전동에서는 석실묘 Ⅲ유형이 출현한다. 다운동 운곡에서는 석실묘 Ⅰ유형, 유곡동에서는 석실묘 Ⅳ유형, 북동에서는 석실묘 Ⅱ유형이 축조된다. 하삼정과 전읍리, 교동리에서는 전 단계의 석곽묘 유형이 이어지고, 하삼정에서 석실묘 Ⅳ, Ⅴ유형, 전읍리 갑골에서 석실묘 Ⅲ유형, 봉계리에서 석실묘 Ⅱ유형, 교동리에서 석실묘 Ⅲ, Ⅳ유형, 신화리에서 석실묘 Ⅱ유형이 새롭게 축조된다. 명산리에서는 석실묘 Ⅰ, Ⅴ유형, 화산리에서는 석실묘 Ⅲ유형, 온산에서는 석실묘 Ⅴ유형이 출현한다.

중산동에서는 석실묘 Ⅳ유형 '다E4'식이 전 단계에 이어서 지속되며, 송정동에서는 석실묘 Ⅳ유형 '다D2', '다D4'식, Ⅴ유형 '나E3', '다E4'식이 축조된다. 산하동 화암에서는 Ⅲ유형 '나C3'식, Ⅳ유형 '나E3', '다E3'식, 주전동에서는 Ⅲ유형 '나C3'식이 조영된다.

다운동 운곡 5호는 석실묘 Ⅰ유형 '가A1'식, 유곡동 6호는 석실묘 Ⅳ유형, '나D2'식, 북동 2호는 석실묘 Ⅱ유형 '나B2'식, 약사동(한) 4호는 석실묘 Ⅱ유형 '다B4'식에 해당한다.

하삼정 23호는 석실묘 Ⅳ유형 '나D2'식, 28호는 '다D2'식, 21호는 Ⅴ유형 '다E4'식, 전읍리 갑골 63호는 석실묘 Ⅲ유형 '나C3'식, 62호는 Ⅲ유형 '다C3'식, 봉계리 2호는 Ⅱ유형 '나B2'식에 해당한다. 교동리 51호는 석실묘 Ⅲ유형 '나C1'식으로 전면에 1차 시상을 마련하였다. 50호는 석실묘 Ⅳ유형 '나D4'식, 33호는 '다D4'식에 속한다. 신화리에서는 석곽묘와 함께 석실묘 Ⅲ유형 '나C3'식이 조영된다.

명산리 36호는 석실묘 Ⅰ유형 '나A2'식, 41호는 석실묘 Ⅴ유형 '나E3'식, 26호는 '다E3'식, 화산리 18호는 석실묘 Ⅲ유형 '다C3'식, 온산 1호는 석실묘 Ⅴ유형 '다E3'식에 해당한다.

구분	북부	중부	서부	남부
6단계	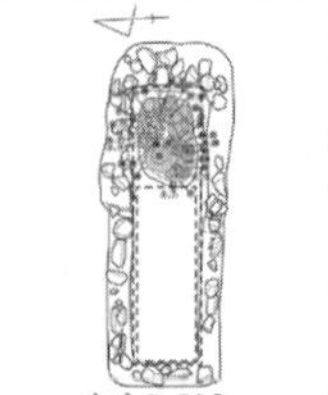 송정 C-56호	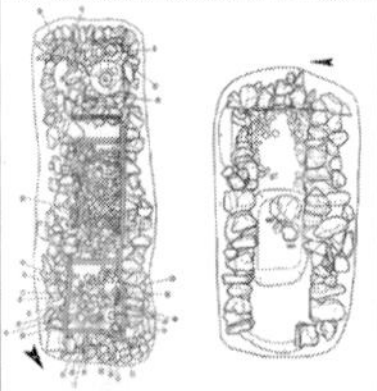 다운동 바-18b호 상안동 III-61호	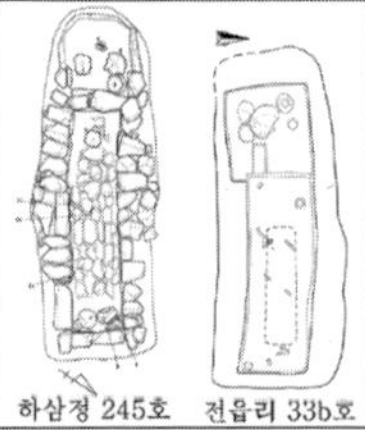 하삼정 245호 전읍리 33b호	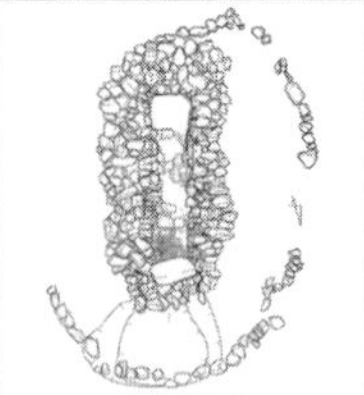 운화리 30호
7단계	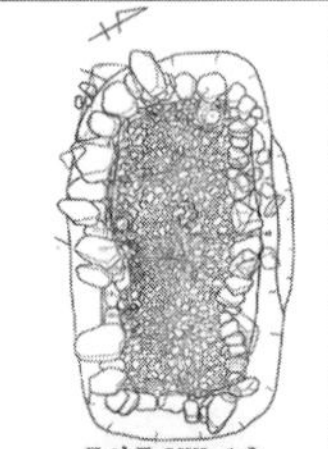 중산동 VIII-1호	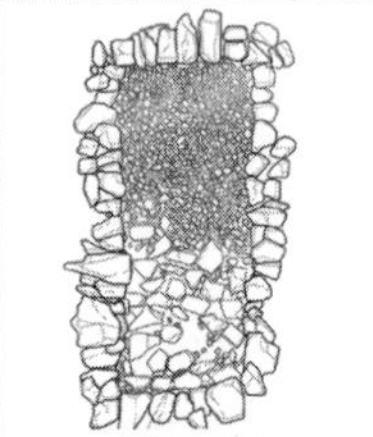 상안동 I-28호	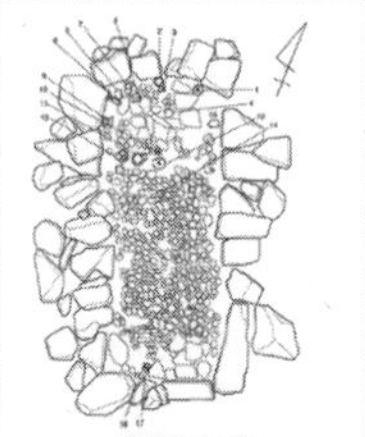 하삼정 17호	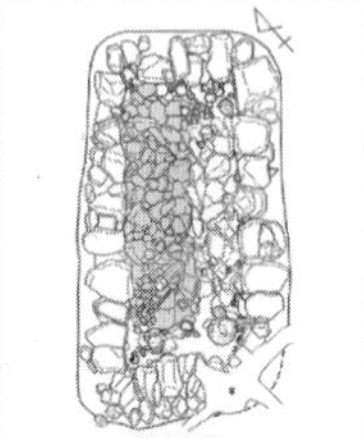 중대 38호
8단계	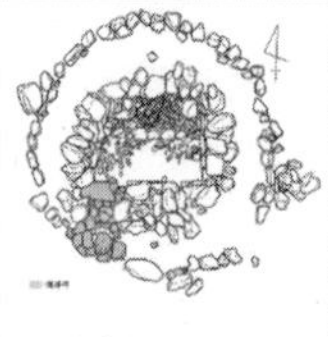 중산동 96 III-10호	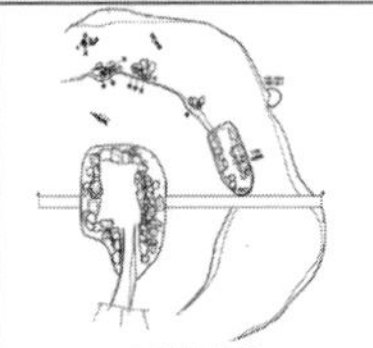 유곡동 14호	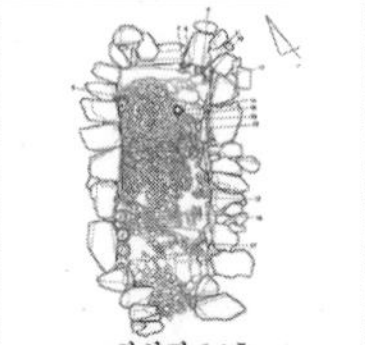 하삼정 14호	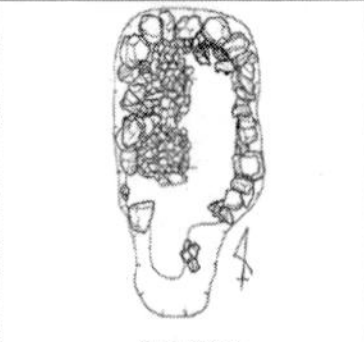 온산 29호
9단계	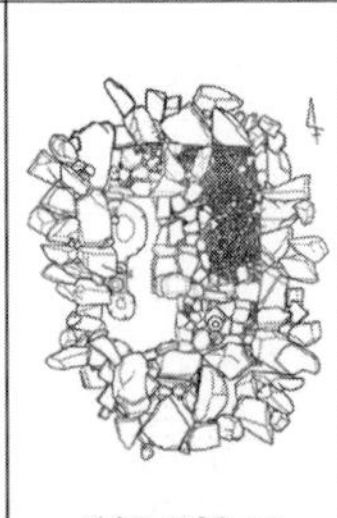 주전동 중마을 5호	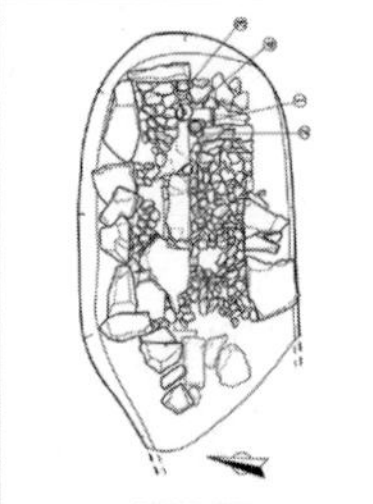 유곡동 6호	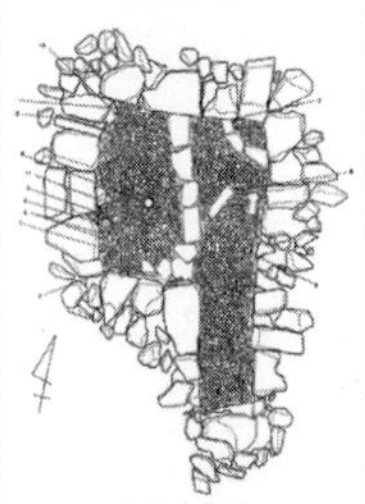 하삼정 28호	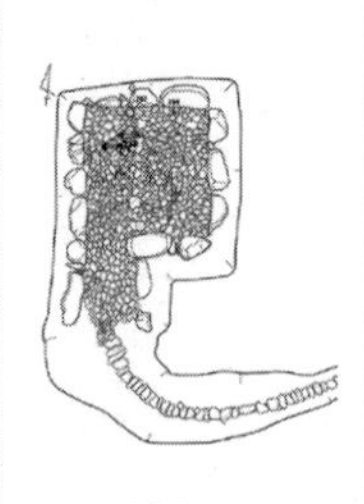 명산리 26호
10단계	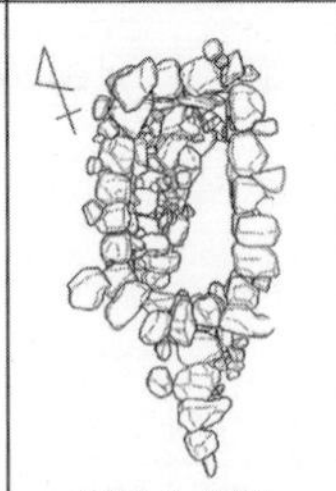 매곡동 I-석실묘	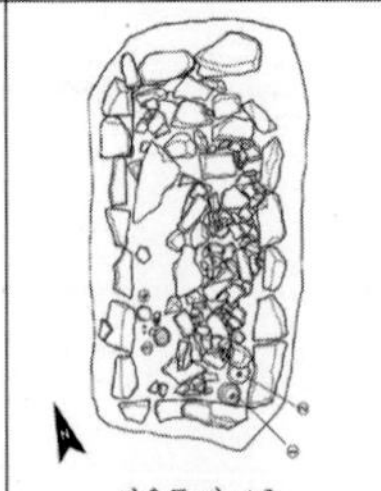 다운동 바-4호	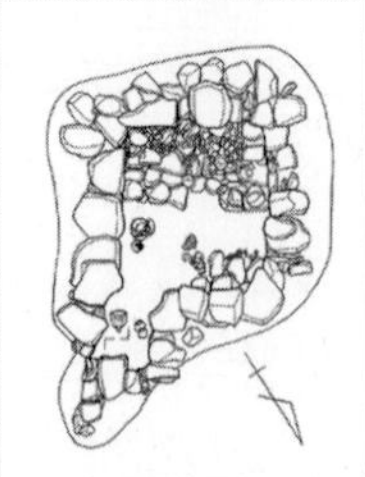 교동리 34호	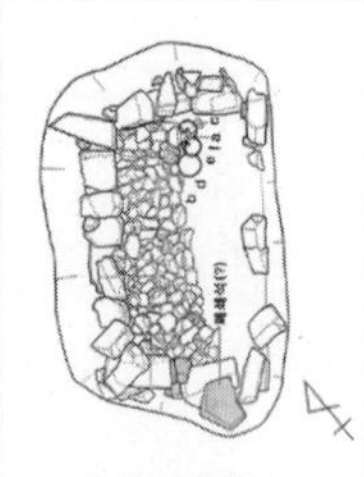 무거동 상밭골 1호

그림 80. 6~10단계 권역별 묘제(축척부동)

표 8. 단계별 묘제 전개양상(●는 新出, ○는 旣出)

묘제		순수목곽묘					위석목곽묘					적석목곽묘				석곽묘					석실묘					
유형		I	II	III	IV	V	I	II	III	IV	V	II	III	IV	V	I	II	III	IV	V	I	II	III	IV	V	VI
1단계	북	●	●	●	●	●	●		●	●	●															
	중			●	●																					
	서	●	●	●	●	●																				
	남		●	●	●	●																				
2단계	북	○	○	○	○	○				○																
	중			○																						
	시	○	○	○	○	○																				
	남		·	·																						
3단계	북			○	○	○	○	●																		
	중	●	●	○	○	●		●																		
	서			○	○	○										●	●	●	●							
	남			○	○																					
4단계	북			○	○	○			○	○	○									●						
	중			○	○	○													●	●						
	서		○	○	○	○		●	●										●							
	남			○	·																					
5단계	북			○	○	○			○	○	○							●	●	●						
	중	○		○	○	○				●	●							●	●	●						
	서			○	○	○			○	○	●							●	●	●						
	남			·	·									●												
6단계	북			○	○	○	○	○	○	○			●	●			●	○	○							
	중			○	○	○			●	○	○						●	○	○							
	서		○	○	○	○				○	○	●				○	○	○								
	남			○	○	○			●	●	●				○	●	●	●	●							
7단계	북			○	○	○		○	○	○	○	●	○	○	●	○	○	○	○		●	●				
	중		○	○	○			○	○	○	○					○	○	○	○		●					
	서					○			○	○	○					○	○	○	○	○	●	●	●			
	남					○	●	○	○	○		●				○	○	○	○	○				●		
8단계	북									○						○	○	○	○	○	○	○	●	●	●	●
	중									○	○					○	○	○				●	●	●	●	
	서			○	○				○							○	○	○	○							
	남			○	○	○			○							○	○	○	○		●	○				

묘제		순수목곽묘					위석목곽묘					적석목곽묘				석곽묘					석실묘					
유형		I	II	III	IV	V	I	II	III	IV	V	II	III	IV	V	I	II	III	IV	V	I	II	III	IV	V	VI
9단계	북																			○		○	○	○	
	중															○	○	○	○			○	○	○	
	서															○	○	○	○	○	○	○	○	●	●	
	남																○	○	○	○				●	
10단계	북																		○	○	○			○	
	중																			○	○			○	
	서																		○	○				○	○	
	남																			○	○			○	

10단계는 매곡동에서 석실묘 Ⅱ유형, 다운동에서 석실묘 Ⅰ, Ⅱ유형, 구영리에서 석실묘 Ⅱ유형, 상안동에서 석실묘 Ⅴ유형이 축조된다. 하삼정에서는 전단계의 석곽묘 Ⅴ유형과 석실묘 Ⅰ유형이 이어진다. 반연리에서는 석실묘 Ⅰ유형, 활천리 열백들에서는 석실묘 Ⅳ유형, 구수리 대암·교동리에서는 석실묘 Ⅴ유형, 신화리에서는 석실묘 Ⅲ유형이 축조된다. 무거동 상밭골에서 석실묘 Ⅰ, Ⅱ유형, 처용리에서 석실묘 Ⅲ유형, 화산리에서 석실묘 Ⅱ유형, 덕신리에서 횡혈식 석실묘가 축조된다.

다운동 바-4호는 석실묘 Ⅰ유형 '나A3'식, 다운동 운곡 1호는 석실묘 Ⅱ유형 '나B2'식, 구영리 Ⅴ-2호는 석실묘 Ⅱ유형 '나B2'식, 상안동 Ⅲ-1호는 석실묘 Ⅴ유형 '다E4'식에 해당한다.

반연리 2호는 석실묘 Ⅰ유형 '나A1'식, 활천리 열백들 1, 2호는 석실묘 Ⅳ유형 '다D2'식, 구수리 대암 1호는 석실묘 Ⅴ유형 '다E3'식, 교동리 34호는 '다E4'식에 해당한다. 신화리 A4-2지구 1호는 석실묘 Ⅲ유형 '다C3'식으로 1차 시상은 바닥 전면에, 2차 시상은 북쪽 장벽에 치우쳐서 설치되었다.

무거동 상밭골 3호는 석실묘 Ⅰ유형 '나A1'식, 1호는 Ⅱ유형 '나B2'식, 처용리 21번지 3호는 Ⅲ유형 '다C3'식에 해당한다. 화산리 6, 12, 20호는 Ⅱ유형 '나B2'식으로 좌편에 출입구를 설치하고, 우측 장벽에 1차 시상을 마련하였다.

2. 시기별 고분의 특징

울산지역의 고분은 순수·위석목곽묘, 석곽묘, 적석목곽묘, 횡구식 석실묘, 횡혈식 석실묘 순으로 출현한다. 권역별로 특징을 살펴보면 북부권역은 專有 墓制가 위석목곽묘이며, 평면형태 '日'자형과 'ㅏ'자형 중심 분포지역이다. 1단계에 순수목곽묘 Ⅰ～Ⅴ유형, 위석목곽묘 Ⅰ, Ⅲ～Ⅴ유형, 3단계에 위석목곽묘 Ⅱ유형, 4단계에 석곽묘 Ⅴ유형, 5단계에 석곽묘 Ⅱ·Ⅲ유형, 6단계에 적석목곽묘 Ⅲ·Ⅳ유형, 석곽묘 Ⅱ유형, 7단계에 적석목곽묘 Ⅱ·Ⅴ유형, 석실묘, Ⅰ·Ⅱ유형, 8단계에 석실묘 Ⅲ～Ⅵ유형이 출현한다.

묘제와 금속유물에서 위계화를 이룬 정치체의 존재를 인식할 수 있다. 그러나 4단계부터 갑주의 부장이 중단되고, 금속유물의 부장양이 감소하며, 신라토기의 부장이 진행된다. 5단계에 대형의 '呂'자형 이혈 주부곽식이 축조되고, 평면형태 'ㅏ'자형이 등장한 것으로 볼 때, 단위집단의 지배권을 인정받은 것으로 판단된다.

중부권역은 1단계에 순수목곽묘 Ⅲ·Ⅳ유형, 3단계에 순수목곽묘 Ⅰ·Ⅱ유형, 위석목곽묘 Ⅱ유형, 4단계에 석곽묘 Ⅳ, Ⅴ유형, 5단계에 위석목곽묘 Ⅳ·Ⅴ유형, 석곽묘 Ⅱ유형, 6단계에 위석목곽묘 Ⅲ유형, 석곽묘 Ⅱ유형, 7단계에 석실묘 Ⅰ유형, 8단계에 석실묘 Ⅱ～Ⅵ유형이 출현한다.

5단계까지 갑주의 부장이 이루어지며, 함안지역의 고식 도질 고배와 부산지역의 이혈 주부곽식 목곽묘가 축조된 것으로 볼 때, 이들 지역과 직접 교류를 진행한 정치체의 존재를 파악할 수 있다.

서부권역은 전유 묘제가 석곽묘이다. 1단계에 순수목곽묘 Ⅰ～Ⅴ유형, 3단계에 석곽묘 Ⅱ유형, 4단계에 위석목곽묘 Ⅱ, Ⅲ유형, 5단계에 위석목곽묘 Ⅳ유형, 6단계에 위석목곽묘 Ⅴ유형, 석곽묘 Ⅰ유형, 7단계에 석실묘 Ⅰ～Ⅲ유형, 9단계에 석실묘 Ⅳ·Ⅴ유형이 출현한다.

7단계까지 갑주를 비롯한 금속유물에서 위계화를 이루고 있다. 평면형태 'T'·'呂'자형과 고상 부곽, 석곽묘 등으로 볼 때, 김해지역과 교류를 진행한 정치체로 볼 수 있다. 그러나 6단계에 금동관이 부장되고 고분의 규모에서 중형인 것을 본다면, 이 단계에 신라의 규제를 받았음을 알 수 있다.

남부권역은 1단계에 순수목곽묘 Ⅱ~Ⅴ유형, 5단계에 적석목곽묘 Ⅳ유형, 6단계에 위석목곽묘·석곽묘 Ⅲ~Ⅴ유형, 석실묘 Ⅰ유형, 7단계에 위석목곽묘 Ⅱ유형, 적석목곽묘 Ⅲ유형, 석실묘 Ⅲ유형, 8단계에 석실묘 Ⅱ유형, 9단계에 석실묘 Ⅴ유형이 출현한다.

3세기대 하대유적의 대형 목곽묘와 다양한 종류의 금속유물, 이 일대에 대규모로 분포하는 봉토분을 통하여 볼 때, 有力 政治體가 존재한 것을 알 수 있다.

이상의 단계별 전개양상에서 울산지역 고분은 신묘제의 등장을 기준으로 아래와 같이 크게 5기로 나눌 수 있다.

1기(3세기 후반~4세기 후반)는 앞의 1~3단계로서 위석목곽묘가 등장하며, 세장방형과 '呂'자형 목곽묘를 축조한다. 동혈 주부곽식과 이혈 주부곽식 모두 세장한 특징을 보인다.

세장방형 목곽묘는 중산동, 송정동, 다운동, 북동, 하삼정, 조일리, 양동 등에서 확인된다. 세장방형은 고분군 내에서 상위등급에서 주로 사용된다. 고분군 내에서 세장방형이 차지하는 비율은 높지 않다. 이는 상위등급의 수가 적음을 의미하는 것이다. 목곽의 면적에서 보아도 대형의 비율은 낮다. 울산지역의 목곽묘는 대부분 중·소형이며, 장방형이 중심을 이루고 있다.

순수목곽묘의 축조과정을 복원해 보면 먼저 묘광을 굴착한 다음, 목곽을 설치하였다. 단곽식은 하나의 곽, 주·부곽식은 두 개의 곽을 일렬로 나란하게 배치하였다. 목곽에 사용된 목재의 두께는 중산동 고분군 21호 순수목곽묘의 묘광과 유물 사이의 빈 공간을 통하여 볼 때, 10㎝ 정도임을 알 수 있었다. 그리고 목곽의 높이는 단면에서 확인된 충전토와 남·북동쪽 장벽, 동·서쪽 단벽 상단에 놓인 석재를 통하여 80㎝ 정도임을 알 수 있었다. 목개의 너비는 석재가 열을 이루면서 놓인 너비를 기준으로 볼 때, 70㎝ 정도였던 것으로 파악된다. 목개 상부에는 암갈색 사질점토를 밀봉하였다. 이상의 내

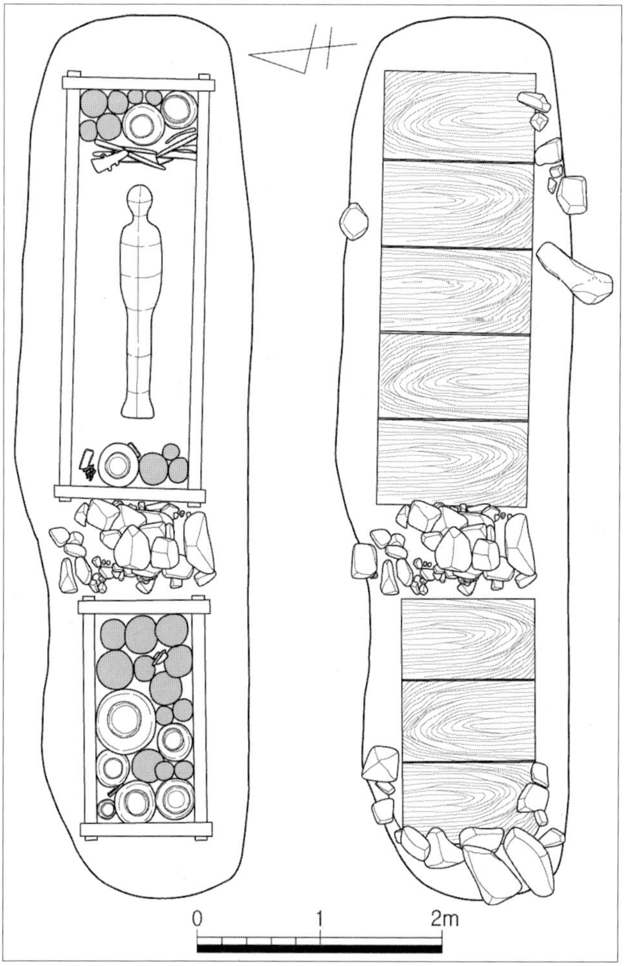

그림 81. 중산동 21호 순수목곽묘 복원도(1/60)

용을 바탕으로 세장방형 목곽묘 축조 복원도를 제시하면 그림 81과 같다.

2기(4세기 후반~5세기 중반)는 석곽묘가 출현하는 시기로 앞의 3~5단계이다. 울산지역의 석곽묘는 평면형태가 대부분 '口'자형이다. 고배를 비롯한 소형 토기류가 부장되는 동쪽(머리쪽) 단벽부는 직각, 호류를 중심으로 부장하

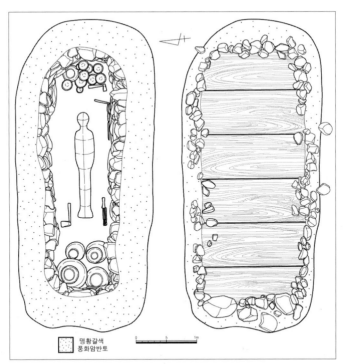

그림 82. 중산동 15호 석곽묘 복원도(1/60)

는 서쪽(발치쪽) 단벽부는 말각을 이룬다. 부곽은 대부분 서쪽(발치쪽)에 설치되었으며, 원형, 방형, 장방형 등으로 다양하다.

중산동 15호와 35호는 양쪽 장벽부의 최상단석 바깥쪽을 따라 중·소형 석재가 단차를 가지면서 배치되어 있었다. 개석이 확인되지 않고 벽석의 최상단석 위에 명황갈색 풍화암반토가 한 벌 덮여 있었으며, 그 위의 가장자리를 따라 중소형 석재가 확인되는 것으로 볼 때, 나무덮개를 횡가 한 것으로 판단된다.

중산동 15호의 축조과정을 살펴보면, 먼저 묘광을 굴착하고 벽석을 정연하게 쌓아 올렸다. 벽석은 한 단씩 쌓아 올렸으며, 각 단 위에는 명황갈색 풍

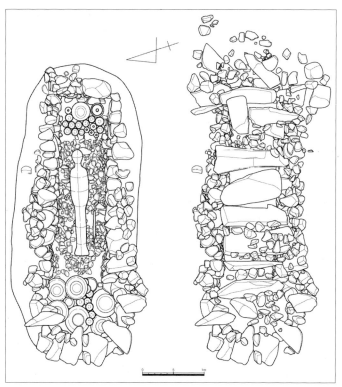

그림 83. 중산동 11호 석곽묘 복원도(1/60)

화암반토를 한 벌씩 덮었다. 석곽 상단은 명황갈색 풍화암반토를 덮은 다음, 목개를 횡가하였다. 그리고 목개 바깥쪽으로 명황갈색 풍화암반토와 함께 중소형 석재를 돌렸다. 명황갈색 풍화암반토와 중소형 석재는 내부구조물을 완전히 밀폐시키기 위한 재료였던 것으로 생각된다. 목개의 너비는 중·소형 석재가 열을 이루면서 놓인 너비를 기준으로 볼 때, 70㎝ 정도였던 것으로 파악된다. 이상의 내용을 바탕으로 하여 복원도를 제시하면 그림 82와 같으며, 석개를 橫架한 중산동 11호 석곽묘(그림 83 참조)와 대비된다. 이처럼 개부시설은 목개, 석개, 이외에도 목·석개, 적석 등 다양하게 관찰된다(그림 84

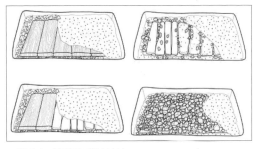

그림 84. 석곽묘 개부시설

참조). 석곽묘의 덮개시설은 목개에서 석개로 전환된 것으로 파악된다.

울산 주변지역에서 살펴볼 수 있는 석곽묘는 부산 복천동, 김해 칠산동, 함안 도항리, 고령 지산동 등이 있다. 이들 고분군 내에서 출현기 석곽묘는 내부에 목곽을 설치한 공통점을 가진다. 하삼정 61·149·283·295호 석곽묘는 벽석 하단석에 물려서 시상을 설치해 놓았다. 시상 위에는 목곽을 설치한 것으로 판단된다.

칠산동에서 확인되는 내곽의 바닥은 벽석 최하단석보다 낮게 완만한 'U'자상으로 굴착하였다. 따라서 내곽의 저면 형태도 'U'자형을 이루었던 것으로 파악된다. 이러한 형태는 중산리 Ⅷ-14호 위석목곽묘에서 확인된다.

3기(5세기 중반~6세기 전반)는 위석목곽묘가 서부권역, 석곽묘가 중부권역으로 확산되는 양상을 보이며, 평면형태 'ㅏ'·'T'자형과 세장방형 횡구식 석실묘가 축조되는 시기로서 앞의 5~7단계이다. 'ㅏ'자형은 북부권역에서 중심을 이룬다. 중산동 고분군 2호를 살펴보면 묘광 굴착 후, 주곽에 먼저 목곽을 설치하였다. 목곽에 사용된 목재의 두께는 충전석과 상면석 사이, 충전석과 유물 사이의 빈 공간을 통하여 살펴볼 때 10㎝ 정도임을 알 수 있다. 주곽의 목곽 높이는 나무덮개 상부에 올렸던 것으로 추정되는 석재를 통하여 볼 때, 70㎝ 정도임을 알 수 있다. 이는 앞서 살펴본 중산동 21호와도 유사하다. 부곽은 남쪽 장벽 중앙부에 설치하였다. 목곽 위에는 나무덮개를 횡가하고, 석재를 불규칙하게 올려놓았다. 그리고 석재 상부에는 갈색 사질토, 명황갈색 풍화암반토, 암갈색 사질토 순으로 덮어서 완전히 밀봉하였다. 이상의 내용을 바탕으로 하여 복원도를 제시하면 그림 85와 같다.

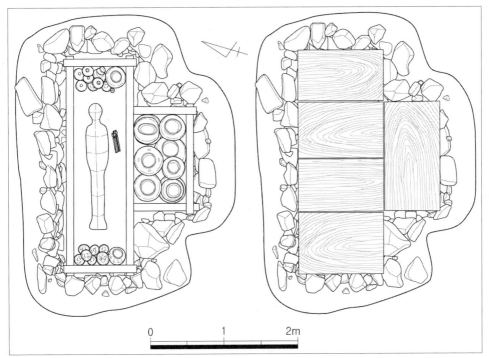

그림 85. 중산동 2호 위석목곽묘 복원도(1/50)

중산동 6호 위석목곽묘는 'T'자형으로 주곽과 부곽이 단을 이루도록 굴착한 다음, 목곽을 설치하였다. 목곽에 사용된 목재의 두께는 주곽의 동단벽부와 부곽의 가장자리에서 확인되는 床面石을 통하여 볼 때, 10㎝ 정도이다. 목곽의 높이는 주곽의 상부에 놓인 개석을 통하여 70㎝ 정도에 이를 것으로 생각된다. 주곽 위에는 나무덮개 橫架 후, 5매의 개석, 부곽 위에는 2매의 나무덮개를 횡가 하였던 것으로 판단된다. 개석과 목개 위에는 10㎝ 정도의 두께로 명황갈색 풍화암반토를 덮어서 밀봉하였다. 이상의 내용을 바탕으로 하여 복원도를 제시하면 그림 86과 같다.

4기(6세기 전반~6세기 후반)는 앞의 7~9단계로서 순수목곽묘, 위석목곽묘,

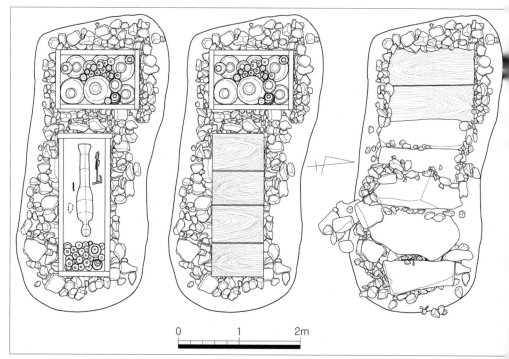

그림 86. 중산동 6호 위석목곽묘 복원도(1/80)

적석목곽묘, 석곽묘가 혼재하며, 횡구식 석실묘와 함께 다곽식 고분이 축조
되는 시기이다. 위석목곽묘와 석곽묘에서 평면형태 'ㅏ'·'T'자형을 공유하고,
동천강 유역의 송정동과 상안동에서는 유물 副葬坑이 설치된다.

 묘도가 마련된 횡구식 석실묘는 細·長方形을 이루고 있다. 운화리에서 장
방형 횡구식 석실묘는 남쪽 단벽에 출입구, 우측 장벽에 시상을 마련하였다.
이와 같은 장방형 횡구식 석실묘는 울산 주변의 창녕 계성, 밀양 신안, 양산
북정동, 기장 반룡리, 경주 방내리, 월산리 등에서 축조되었다.

 창녕과 밀양, 양산, 기장, 경주 등지에서는 평면형태와 출입구의 위치가
거의 유사하며, 상·하층 시상을 설치하거나 나란하게 배치한 다음에 추가장

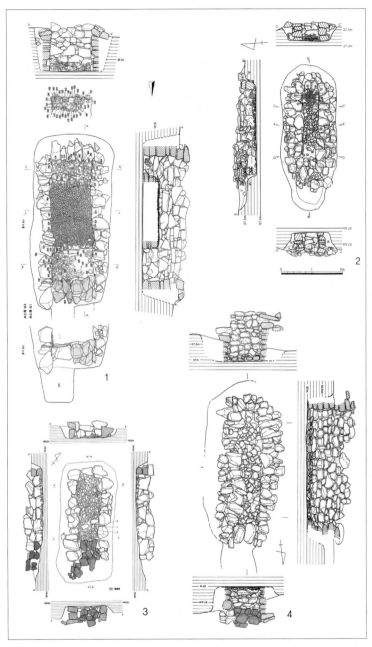

그림 87. 울산 주변지역 횡구식 석실묘(1: 양산 북정동 683번지 13호, 2: 기장 반룡리 1호, 3: 경주 방내리 7호, 4: 창녕 계성 26-1호) 1/120

이 이루어졌다. 울산지역에서도 이러한 속성들이 관찰되지만 대부분 출입구를 우편이나 좌편에 설치하면서 시상의 위치는 좌측, 우측으로 대응되는 특징을 보이고 있다.

석실묘와 다곽식 고분 이외에 기존의 석곽묘를 再利用 하기도 하였다. 운화리에서는 상·하로 시상을 설치하여 추가장이 이루어졌다. 기존의 석곽묘에서 5㎝ 내외의 소형 할석이나 천석을 얇게 한 벌 정도로만 깐 것과 차이를 보인다. 이러한 구조는 창녕 계성(호암미술관) 15호, 밀양 신안 21, 35, 36, 66호, 기장 반룡리(경남문화재연구원) 5호에서도 살펴볼 수 있다.

5기(6세기 후반~7세기 전반)는 횡혈식 석실묘가 조성되는 시기로서 앞의 9·10단계에 해당된다. 석실묘가 단독 혹은 묘역을 달리하여 군집을 이루면서 축조된다.

횡혈식 석실묘는 평면형태가 대부분 방형에 가까우며, 좌편 출입구와 우측 또는 오벽에 1차 시상을 설치하였다. 경주와 가까운 북부권역에서 횡혈식 석실묘의 요소를 먼저 수용한 것으로 보인다. 방형에 가까운 장방형 횡구식 석실묘는 횡혈식 석실묘의 평면형태를 따르고 있으며, 출입구의 위치와 시상의 위치 역시 동일 양상을 보인다.

출입구의 위치는 시상의 위치에 따라 다른 모습을 보인다. 우측 시상의 경우 좌편에 출입구, 좌측 시상의 경우 우편에 출입구를 설치하였다. 『禮記』에서 冠·婚·喪·祭禮때 북쪽은 예를 진행하는 뒷면(上席), 앞면을 남쪽으로 간주하고, 좌·우는 동·서쪽이 된다.

死者의 위치는 서쪽에 남자, 동쪽에 여자, 묘지를 바라보았을 때, 왼쪽이 남자이고 오른쪽이 여자이다. 上·下의 경우에

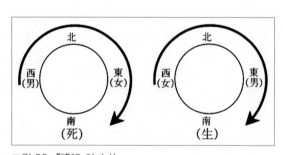

그림 88. 『禮記』의 方位

는 앞쪽에 남자, 뒤쪽에 여자를 배치하였다. 生者의 위치는 이와 반대방향이다.

삼국시대 고분에서 多槨墓는 상·하, 석실묘 시상은 좌·우 배치를 한 경우가 많다. 이러한 방위의 개념이 오래전부터 반영된 것으로 볼 수 있다.

Ⅵ
울산지역 고분의 성격

1. 고분과 울산지역 고대 정치체

고분은 지배자 분묘 내부에 엄격한 규칙성이 확인되어야 하고, 埋葬主體部의 대형화, 독립된 부곽의 존재, 무기의 개인집중화, 철제무구의 출현과 보급, 殉葬 등을 기본개념으로 삼고 있다. 이러한 개념으로 보았을 때, 2세기 후반대부터 등장하는 대형 목곽묘에서 고분의 기원을 구할 수 있다.[95]

울산지역은 기원전후 시기에 목관묘를 축조한다. 목관묘 축조 시기는 삼각구연 점토대토기 단계와 전기 와질토기 단계로 나눌 수 있다. 삼각구연 점토대토기 단계의 목관묘는 교동리 1호 목관묘 축조시점부터 큰 변화를 보인다. 묘광은 이단으로 굴착하였다. 상단은 길이 315㎝, 너비 173㎝, 깊이 135㎝이다. 하단은 길이 282㎝, 너비 98㎝, 깊이 105㎝이다. 묘광의 전

---

95) 申敬澈, 1992, 「金海禮安里 160號墳에 對하여 −古墳의 發生과 관련하여−」 『伽耶考古學論叢』 1, 駕洛國史蹟開發研究院, 160~164쪽.
신경철, 2013, 「삼한시대 문화와 울산」 『三韓時代 文化와 蔚山』, 蔚山文化財研究院.

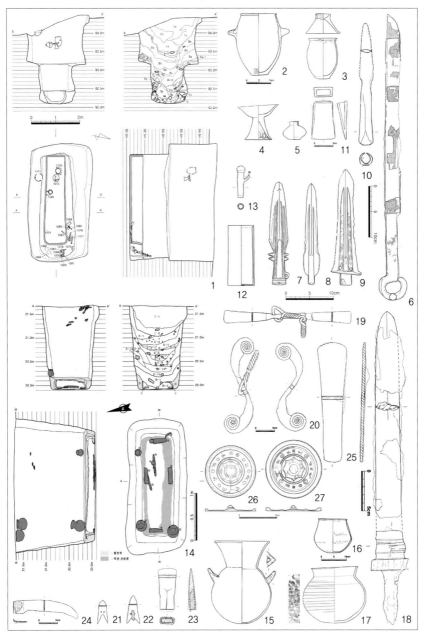

그림 89. 점토대토기 단계 목관묘(1~13: 교동리 1호)와 전기 와질토기 단계 목관묘
(14~27: 창평동 2호)

체 깊이는 240㎝로 매우 깊다. 유물은 두형토기, 유개옹, 파수부옹, 동검, 동과, 동모, 원통형동기, 개궁모, 환두도, 철모, 철부, 철착 등이 부장되었다. 이 단계의 두형토기는 다리 높이가 낮아지고 나팔상으로 벌어진 특징을 보인다.

전기 와질토기 단계는 토기의 제도술 및 기형에서 새로운 전기를 맞이한다. 철기의 종류가 다양할 뿐만 아니라 많은 양을 부장하였다. 창평동 2호 목관묘는 묘광 길이 284㎝, 너비 124㎝, 깊이 175㎝이다. 유물은 주머니호, 조합우각형파수부호, 단경호, 동경, 재갈, 철검, 철촉, 철부, 철겸, 판상철정 등이 출토되었다. 기존의 청동 무기류가 철기로 대체되고, 새롭게 재갈, 철촉, 철겸, 따비, 판상철정 등이 출현한다.

후기 와질토기 단계가 되면 목곽묘를 축조하고, 토기와 철기의 부장이 급격하게 증가한다. 대부직구호, 노형토기, 대도, 장검, 삽날, 쇠스랑, 유자이기 등의 새로운 기종이 출현한다. 무덤의 규모가 커지면서 이전시기보다 많은 유물과 다양한 종류를 부장하게 된다.

점토대토기 단계에 들여온 철기는 무기뿐만 아니라 마구, 농기구로 사용되며, 생산력이 급증하였다. 철제 농기구의 사용은 농업혁명을 가져왔고, 생산력의 증대는 경제력을 더욱 향상시켰다. 철기의 사용량이 늘어나면서 기술혁신을 주도한 집단의 생산성은 더욱 높아지고 유력세력으로 급부상한다. 기술혁신은 삶과 제도를 바꿔놓았고 새로운 사회구조가 탄생하게 된다. 이처럼 새로운 시대가 열리며 광범위한 지역을 총괄하는 정치세력이 등장하였음을 알 수 있다.

특히 2세기 후반대에 대형 목곽묘가 조성되기 시작하면서 정치체의 등장을 보여주고 있다. 목곽묘는 순수목곽묘에서 위석목곽묘, 적석목곽묘로 분화된다. 석곽묘는 4세기 후반대, 횡구식 석실묘는 5세기 후반대, 횡혈식 석실묘는 6세기 중반대에 출현하며, 순수·위석목곽묘·석곽묘와 함께 공존하는 양상을 보인다. 권역별로 주 묘제에서 조금씩 차이를 보이지만 묘제상에서 계승관계를 확인할 수 있다. 따라서 울산지역은 2세기 후반대의 순수목곽묘 축조 시기부터 권역별로 중심 정치체가 나타나기 시작한 것으로 볼 수 있다.

울산지역의 고대 정치체는 우시산국과 굴아화촌이 문헌기록으로 전해져 오고 있다. 우시산국은 웅촌면 대대리, 굴아화촌은 범서읍 굴화리 일대로 비정되고 있다.[96) 현재까지의 발굴조사 결과를 통하여 볼 때, 양 지역 모두 1세기대부터 7세기대까지 고분이 축조되었으며, 목관묘, 목곽묘, 석곽묘, 석실묘 순으로 조영되었다. 동시기 중산동과 하삼정에서도 이와 같은 양상이 관찰되며, 대규모 고분군을 형성하고 있다. 이외에 창평동, 장현동, 교동리, 발리 등에서도 목관묘가 축조되었으며, 묘역을 달리하여 목곽묘, 석곽묘, 석실묘 등이 순차로 조영되었다. 고분의 규모와 부장유물의 양, 질 등에서 차이를 가진 단위정치체로 볼 수 있다.

우시산국은 울산 남부권역에 존재한 고대의 정치체이며, 하대에 고분이 분포하고 있다. 동일시기의 고분으로는 북부권역의 중산동, 중부권역의 다운동, 서부권역의 하삼정 등에서 확인된다. 이 가운데 다운동은 보고가 이루어지지 않아 정확한 양상을 파악하기 어렵다.

고분간의 성격은 목곽의 규모와 출토 유물 조합상, 축조방법 등을 비교하여 살펴보고자 한다. 먼저 목곽의 면적은 0.3~19.8㎡까지 관찰된다. 하대에서는 소형, 중형, 대형, 중산동에서는 소형, 중형, 하삼정에서는 소형이

---

96) 이병도, 1976,『韓國古代史研究』, 박영사.

金哲埈, 1990,「新羅 上古世系와 그 紀年」『韓國古代社會研究』, 서울대학교출판부.

李炯佑, 1994,「탈해 집단의 사로지역 이주에 대하여」『신라문화제학술발표회논문집』 15, 경주사학회.

김재홍, 1996,「신라(사로국)의 형성과 발전」『역사와 현실』 21.

선석열, 1998,「고대의 울산과 운화리고분군」『문화유적지표조사보고 −운화리고분군−』, 울산대학교박물관.

최충기, 2009,『蔚山地域 初期國家의 形成과 展開』, 영남대학교 대학원 석사학위논문.

백승옥, 2011,「고대 울산의 역사 지리적 성격과 朴堤上」『韓日關係史研究』 38, 경인문화사.

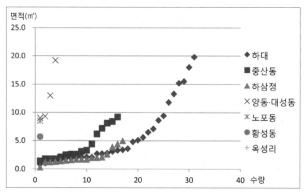

그림 90. 후기 와질토기 단계 순수목곽묘 면적

확인된다. 목곽의 면적에서 성층화되어 있음을 알 수 있다. 권역별로는 남부권역의 하대, 북부권역의 중산동, 서부권역의 하삼정 순으로 성층관계를 보인다.

울산 이외의 김해 대성동 45호[97)]는 잔존면적 19.21㎡, 양동리 162호는 9.3㎡, 200호는 13.0㎡, 322호[98)]는 9.0㎡, 부산 노포동 31호[99)]는 8.5㎡, 경주 황성동 강변로 1호[100)]와 포항 옥성리 나-78호[101)]는 5.7㎡이다. 김해는 대형으로 울산 하대, 부산·경주·포항은 중형으로 울산 중산동과 비교된다.

다음으로 출토 유물 조합상은 마구류인 재갈, 무기류인 환두대도, 검, 철모, 철촉, 농공구류인 철부, 철겸, 삽날, 쇠스랑, 따비, 철착, 곡도, 도자, 이외에 판상철정, 유자이기, 銅鼎 등으로 이루어져 있다.

97) 慶星大學校博物館, 2000, 『金海大成洞古墳群 I』.

98) 東義大學校博物館, 2000, 『金海良洞里古墳文化』.

99) 釜山大學校 博物館, 1988, 『釜山老圃洞遺蹟』.

100) 韓國文化財保護財團, 2005, 『慶州 隍城洞 遺蹟 II』.

101) 嶺南埋藏文化財研究院, 1998, 『浦項玉城里古墳群 II』.

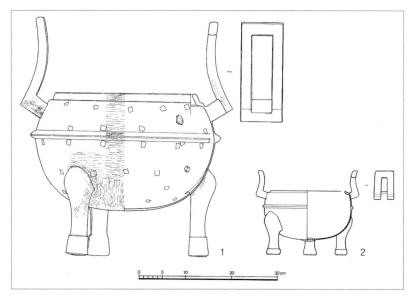

그림 91. 嶺南地方 出土 銅鼎(1: 하대 23호, 2: 양동리 322호)

하대에서는 b~f식의 금속유물 외에 다양한 종류의 농공구가 확인되었다. 특히 23호 목곽묘는 가장 대형에 속하며, 동정이 출토되었다. 한반도에서 동정은 김해 양동리 322호, 평양 정백동 8호, 낙랑토성 등에서 확인되었다.

동정은 중국에서 禮器의 하나로 사용되었으며, 권력의 상징물로 신분과 권위를 나타내는 器物이었다. 중국의 고대 문헌에는 九鼎에 관련된 각종 기록이 있으며, 단순한 청동 용기가 아니라 천하의 통치권을 상징하였다.[102] 중국에서는 품계에 따라 동정을 소유할 수 있는 수량이 달랐다. 周禮에 따르면 천자는 9정, 제후는 7정, 대부는 5정, 사는 3정을 가졌다. 한반도에서 출토된 동정은 양식으로 볼 때, 중국 前漢 말기에 제작되어 傳賫된 것으로 추정

---

102) 張翀(김정열 역), 2010, 「"九鼎"傳說流考及其中國傳統文化=九鼎설화의 흐름과 중국 전통문화」『崇實史學』제25집, 崇實史學會, 311~349쪽.

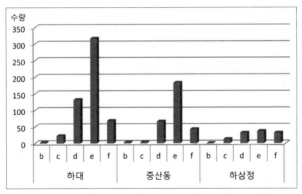

그림 92. 후기 와질토기 단계 순수목곽묘 출토 유물 조합상

된다. 당시 중국과의 교류를 보여주는 중요한 자료이다. 이는 울산지역에 강력한 정치체의 출현을 의미한다.

중산동에서는 재갈, 검, 철모, 철촉, 철부, 철겸, 쇠스랑, 따비, 착형철부, 유자이기, 도자, 곡도자 등, 하삼정에서는 재갈, 도·검, 철모, 철촉, 철부, 철겸, 따비, 철착 등이 출토되었다. 남부권역의 하대, 북부권역의 중산동, 서부권역의 하삼정은 금속유물의 종류와 양에서도 위계차이를 보이고 있다.

김해 양동리 162호에서는 재갈, 도·검, 모, 촉, 부, 겸, 따비, 鐵鍑, 斧形鐵鋌, 銅鏡, 環形銅器 등, 대성동 45호에서는 환두대도, 창, 모, 촉, 부, 보습, 따비, 부형철부 등, 노포동 31호에서는 환두대도, 방패, 모, 촉, 부, 겸, 도자 등이 출토되었다. 황성동 강변로 1호에서는 재갈, 환두대도, 모, 부, 겸, 곡도, 착 등, 포항 옥성리 나-78호에서는 대도, 검, 모, 촉, 삽날, 철부, 겸, 유자이기, 도자 등이 출토되었다. 지역별로 목곽의 규모와 부장유물의 질·량 등에서 차이를 보이면서 정치체의 등장이 이루어지고 있었음을 알수 있다.

목곽의 축조방법은 묘광의 모서리에 壁柱를 설치한 형태와 장축 벽면에 木柱를 배치한 형태, 목주를 사용하지 않은 형태로 크게 나눌 수 있다. 목곽의 결구에는 꺾쇠를 사용하지 않고 짜임기법으로 축조하였다. 북부권역의 중산동에서는 묘광의 바깥쪽으로 돌출되게 목주를 설치하였다. 반면에 하대에서는 목곽의 장축 벽면에 붙여서 목주를 배치하였다. 하삼정에서는 목주를 사용하지 않았다. 이러한 차이는 목곽의 규모와 집단의 고분 축조기술을 보여주는 것이다.

남부권역과 북부권역, 서부권역은 목곽의 규모, 출토 유물 조합상, 축조기법 등에서 모두 차이를 보인다. 고분군의 규모와 범위, 출토유물을 통하여 볼 때, 남부권역의 하대가 울산지역에서 가장 상위의 정치체이며, 주변의 김해, 부산, 경주, 포항 등과 비교해 본 결과 우시산국의 故地로 충분히 인정할 수 있다. 그러나 이후의 자료는 조사부족으로 우시산국의 전말을 추정하기 어렵다.

북부권역의 중산동은 묘형과 목곽의 규모, 출토 유물 조합상 등으로 볼 때, 정치체의 존재가 인정된다. 중부권역의 다운동은 현재까지의 발굴조사 자료와 고분군의 규모로 볼 때, 중산동 다음에 위치할 것으로 판단된다. 서부권역의 하삼정은 고분군의 규모는 가장 작지만 밀집도가 높게 나타나고 갑주를 비롯한 금속유물에서 위계화를 이루고 있어서 정치체로 볼 수 있다.

권역별로 삼국시대에 대형 봉토분이 군집해서 축조되며, 북부권역에서는 'ㅏ'자형, 서부권역에서는 'T'자형의 특징 평면형태도 나타난다. 중부권역과 남부권역에서는 두 가지의 요소가 모두 확인되고 있어서 지역간의 교류도 확인할 수 있다.

그렇지만 울산지역은 하나의 큰 정치체로 통합되지 못하고, 권역별로 시간 차이를 두면서 신라화되었다. 철기의 부장 량이 급격하게 감소하고 갑주의 부장이 중단되며, 금속유물의 소유형태에서 지위에 따라 뚜렷한 차이를 보인다. 뿐만 아니라 고분의 규모에서도 정형화되는 것으로 볼 때, 신라의 규제를 받았음을 알 수 있다. 이러한 현상은 가장 먼저 북부권역에서 4단계에 시작되고, 중부권역과 서부권역, 남부권역도 순차로 진행된 것으로 볼 수 있다.

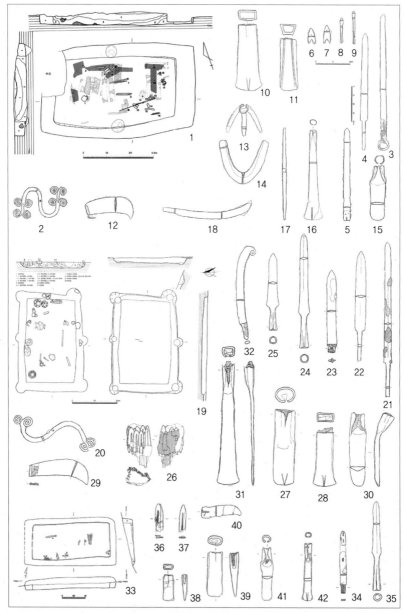

그림 93. 후기 와질토기 단계 울산지역 순수목곽묘(1~18: 하대 43호, 19~32: 중산리 Ⅷ-1호, 33~42: 하삼정 7호) 축척부동

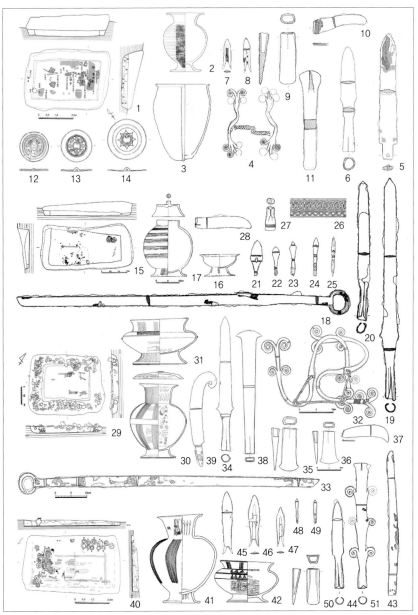

그림 94. 후기 와질토기 단계 울산 주변지역 순수목곽묘(1~14: 김해 양동 162호, 15~
28: 부산 노포동 31호, 29~39: 경주 황성동 강변로 1호, 40~51: 포항 옥성리 나-78호)

표 9. 강원 및 영남지방 冠帽 출토현황

유구	묘제	묘곽 규모			출토유물
		길이	너비	면적	
강릉 초당동 A-1	석곽	6.2	1.45	9.0	관모장식, 과대, 이식, 대도, 안교, 재갈, 대도, 촉 등
강릉 초당동 B-16	석곽	3.3	1.5	5.0	금동관, 이식, 경식, 대도 등
강릉 병산동 26	석곽	4.0	0.8	3.2	은제 관식, 대금구, 재갈, 모, 촉, 부, 겸, 유자이기 등
동해 추암동 가-21	석실	1.92	0.76	1.46	동관
울진 덕천리 34	석곽	3.04	0.9	2.7	금동관, 재갈, 행엽, 탁, 도자, 유자이기 등
영주 태장리 3-1	석실	8.61	2.4	20.66	금동관, 과대, 이식, 재갈, 행엽, 운주, 성시구, 검, 촉 등
의성 탑리 I곽	위석	3.5	1.7	6.0	금동관, 촉, 겸, 도자, 이식, 경식 등
의성 탑리 II곽	위석	3.9	1.5	5.9	금동관, 식리, 이식, 대도, 모, 촉, 도자 등
의성 탑리 III곽	위석	3.5	1.5	5.3	금동관, 이식, 경식, 도자 등
의성 대리리 2A-1	위석	4.42	1.82	15.1	금동관, 식리 등
		4.69	1.5		
의성 대리리 46-1	위석	5.12	1.67	12.6	은제관식, 안교, 등자, 재갈, 대도, 모, 촉, 부, 겸, 철정 등
		2.83	1.4		
의성 대리리 46-2	위석	3.6	0.56	3.9	금동제 관모장식, 재갈, 대도, 모, 촉, 부, 겸, 철정 등
		1.85	1.0		
의성 대리리 48-1	위석	3.32	1.56	7.2	금동관, 이식, 안교, 등자, 대도, 모, 촉, 부, 도자 등
		1.46	1.4		
의성 대리리 49-1	위석	3.4	1.5	11.1	은제관식, 이식, 대도, 모, 촉, 도자 등
		3.95	1.53		
영천 화남리 3	위석	4.2	1.4	11.8	금동관, 갑주, 등자, 재갈, 대도, 성시구, 모, 부, 겸 등
		2.7	2.2		
포항 옥성리 50	적석	3.11	0.87	2.7	철제 관식, 대도, 모, 성시구, 촉, 겸, 도자 등
대구 문산리 3-1	석곽	4.3	1.05	4.5	금동관, 재갈, 모 등
대구 비산동 37-1	석실	4.27	1.27	5.4	금동관, 경식, 이식, 은제과대, 재갈, 대도, 부, 겸 등
대구 가천동 5	석곽	(3.15)	0.75	(2.4)	금동관, 탁, 곡인철기, 도자 등
대구 가천동 95	석곽	(3.0)	(0.8)	(2.4)	은제관식, 이식, 부, 도자 등
대구 가천동 139	석곽	2.84	0.53	2.5	금동관, 이식, 재갈, 행엽, 탁, 유자이기, 도자 등
		1.0	0.95		
대구 가천동 168	석곽	3.64	0.9	3.3	금동관, 이식 등

유구	묘제	묘곽 규모			출토유물
		길이	너비	면적	
경산 임당 6A	목곽	3.7	1.25	4.6	금동관, 관모, 과대, 식리, 경갑, 안교, 등자, 재갈, 행엽, 탁, 대도, 모, 성시구, 촉, 곡인철기, 철정, 유자이기 등
경산 임당 7A	목곽	3.8	1.3	19.3	금동관, 금동제 관식, 금동제 천, 안교, 대도, 재갈, 행엽, 모, 촉, 도자, 곡인철기 유자이기 등
		4.3	3.35		
경산 임당 7B	목곽	3.7	1.2	19.2	금동제 관식, 금·은제 수식, 금동과대, 갑주, 등자, 재갈, 대도, 성시구, 모, 촉, 부, 겸, 살포, 곡인철기, 유자이기 등
		4.0	3.7		
경산 임당 7C	목곽	1.8	1.0	4.4	금동관, 은제 지환, 이식, 경식, 재갈, 행엽, 운주, 촉 등
		2.2	1.2		
경산 조영 EⅡ-1	석실	4.53	3.0	13.6	금제 관식, 은제 관식, 은제 과대, 안교, 등자, 재갈, 대도, 모, 촉, 유자이기, 청동제 다리미, 청동 유개합 등
경산 조영 EⅢ-8	목곽	2.2	0.65	5.8	금동관, 수하식, 경식, 지환, 부, 도자 등
		2.0	2.2		
고령 지산동 30-2	석곽	2.42	0.7	1.7	금동관, 도자
고령 지산동 32	석곽	5.64	0.98	5.5	금동관, 갑주, 안교, 등자, 재갈, 대도, 모, 촉 등
고령 지산동 45-1	석곽	7.15	1.64	11.7	금동관, 이식, 경식, 갑, 안교, 등자, 재갈, 대도, 모, 촉 등
합천 옥전 M6	석곽	5.75	1.25	7.2	금동관, 은제관, 이식, 경식, 안교, 재갈, 대도, 모, 촉 등
대성동 29	목곽	6.4	3.2	20.48	금동관, 대도, 방패, 촉, 부, 겸, 철정, 동복 등
경주 금관총	적석	6.4	4.2	26.9	금동관, 관식, 과대, 식리, 천, 이식, 경식, 갑주, 안교, 등자, 재갈, 행엽, 운주, 마령, 마탁, 대도 등
경주 황성동 34	적석	(2.25)	1.15	(4.1)	금동관, 대도, 판상철모, 도자 등
		1.22	1.2		
울산 조일리 5-2	석곽	3.3	0.6	2.0	금동관, 유자이기, 경식, 겸, 철정 등
울산 조일리 35	석곽	3.15	0.55	1.7	금동관, 대도, 탁, 촉, 철정 등
울산 조일리 49-2	석곽	3.55	0.7	2.5	금동관, 이식, 대도, 탁, 창, 도자 등
울산 하삼정 240	석곽	(1.8)	1.0	(1.8)	금동관, 경식 등
양산 금조총	석실	2.8	1.0	2.8	금동관, 금제 영락, 은제 과대, 이식, 지환, 조족, 청동 초두, 철정, 도자 등
양산 부부총	석실	5.45	2.25	12.3	금동관, 관식, 영락, 은제 과대, 요패, 식리, 이식, 지환, 경식, 안교, 등자, 재갈, 마탁, 대도, 촉, 철정, 솥 등

유구	묘제	묘곽 규모			출토유물
		길이	너비	면적	
부산 복천동 1	석곽	8.33	1.29	10.7	금동관, 이식, 경식, 재갈, 모, 촉, 부, 철정 등
부산 복천동 11	석곽	6.0	3.5	27.5	금동관, 이식, 갑주, 마주, 안교, 등자, 대도, 모,
		4.3	1.5		촉, 부, 겸, 착, 철정 등
밀양 양동리 28	석곽	2.54	0.72	1.8	금동관

고분 부장유물 가운데 신라의 대표 위세품인 금동관의 부장이 울산에서 6
단계부터 진행된다. 울산지역에서 출토된 금동관은 樹枝形 立飾 3개를 臺輪
에 세운다음 圓頭釘을 박아 고정하였다. 이러한 형태의 수지형 관식은 강릉
초당동 B-16호,[103] 동해 추암동 가-21호,[104] 울진 덕천리 34호,[105] 영
주 태장리 1호,[106] 의성 대리리 2A-1호,[107] 영천 화남리 3호,[108] 대구 문
산리 3-1호,[109] 가천동 5호,[110] 168호,[111] 경산 임당 6A호,[112] 7A호,
7C호,[113] 조영 EⅢ-8호,[114] 합천 옥전 M6호,[115] 부산 복천동 1호,[116] 경

103) 江陵原州大學校博物館, 2011, 『江陵 草堂洞 古墳群』.
104) 관동대학교박물관, 1994, 「추암동 'B지구 고분군발굴조사 보고서」『동해북평공단
    조성지역 문화유적 발굴조사 보고서』.
105) 盛林文化財研究院, 2014, 『蔚珍 德川里 新羅墓群 Ⅰ』.
106) 世宗文化財研究院, 2013, 『榮州 順興 台庄里古墳群3』.
107) 경상북도문화재연구원, 2012, 『義城 大里里 2號墳 Ⅰ』.
108) 盛林文化財研究院, 2013, 『永川 華南里 新羅墓群 Ⅰ』.
109) 慶尙北道文化財研究院, 2004, 『達城 汶山里 古墳群 Ⅰ地區』.
110) 嶺南文化財研究院, 2002, 『大邱 佳川洞古墳群 Ⅰ』.
111) 嶺南文化財研究院, 2012, 『大邱 佳川洞古墳群 Ⅱ-본문2-』.
112) 嶺南大學校博物館, 2003, 『慶山 林堂地域 古墳群Ⅶ』.
113) 嶺南大學校博物館, 2005, 『慶山 林堂地域 古墳群Ⅷ』.
114) 嶺南大學校博物館, 1994, 『慶山 林堂地域 古墳群Ⅱ』.
115) 慶尙大學校博物館, 1993, 『陜川玉田古墳群 Ⅳ』.
116) 東亞大學校博物館, 1970, 『東萊福泉洞第一號古墳發掘調査報告』.

주 금관총,[117] 황성동 34호,[118] 울산 하삼정 나-240호,[119] 조일리 49-2호,[120] 양산 금조총, 부부총,[121] 밀양 양동리 28호[122] 등에서 확인된다.

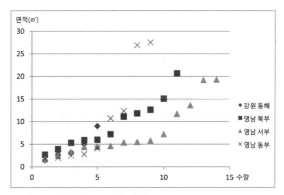

그림 95. 冠帽 출토 고분 면적

묘제는 목곽묘, 석곽묘, 석실묘, 평면형태는 'ㅁ'자형, '日'자형, 'T'자형, '呂'자형, '11'자형 등으로 다양하다. 면적은 1.5(동해 추암동 가-21호)~27.5㎡(복천동 11호)까지 확인된다. 울산지역은 4㎡ 미만의 소형에 해당하며, 금동관 외에 삼엽문환두대도를 부장하였다. 이와 같이 관모가 부장된 소형의 고분은 강릉 병산동 26호,[123] 동해 추암동 가-21호, 울진 덕천리 34호, 의성 대리리 46-2호,[124] 대구 가천동 5호, 95호, 139호, 168호, 고령 지산동 30-2호,[125] 양산 금조총, 밀양 양동리 28호 등이 있다.

동해 추암동 가-21호와 양산 금조총은 횡구식 석실묘, 의성 대리리

117) 國立慶州博物館, 2016, 『慶州 金冠塚(遺物篇)』.

118) 韓國文化財保護財團, 2005, 『慶州 隍城洞 遺蹟 Ⅱ』.

119) 韓國文化財財團, 2014, 『蔚山 下三亭 古墳群Ⅷ』.

120) 國立昌原文化財研究所, 2000, 『蔚山早日里古墳群』.

121) 東亞大學校博物館, 1991, 『梁山金鳥塚·夫婦塚』.

122) 東亞細亞文化財研究院, 2017, 『密陽 良洞里古墳群(上)』.

123) 江原文化財研究所, 2007, 『江陵 柄山洞 古墳群 Ⅱ』.

124) 盛林文化財研究院, 2016, 『義城 大里里 古墳群』.

125) 嶺南埋藏文化財研究院, 1998, 『高靈池山洞30號墳』.

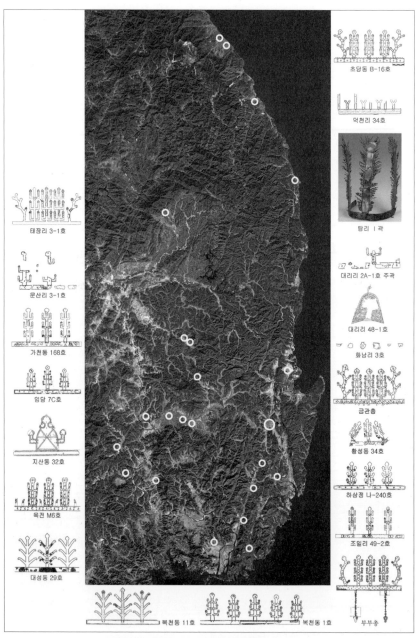

초당동 8-16호

덕천리 34호

탑리 Ⅰ곽

대리리 2A-1호 주곽

대리리 48-1호

황남리 3호

금관총

황성동 34호

하삼정 나-240호

조일리 49-2호

부부총

태장리 3-1호

문산리 3-1호

가천동 168호

임당 7C호

지산동 32호

옥전 M6호

대성동 29호

복천동 11호

복천동 1호

그림 96. 강원 동해 및 영남지방 冠帽 출토 현황(축척부동)

46-2호는 위석목곽묘, 이외에 강릉 병산동 26호, 울진 덕천리 34호, 대구 가천동 5호, 9호, 139호, 168호, 고령 지산동 30-2호, 밀양 양동리 28호는 석곽묘이다.

표 10. 적석목곽묘의 면적과 부장 유물 (○는 부장, △는 그 중 한 가지 부장)

구분		관무	식리	과대	경·흉식	금속용기류	도·검류	마구류	모·촉	부·겸	토기류	대표 고부
Ⅰ	A	○	○	○	○	○	○	○	○	○	○	황남대총, 금관총
Ⅱ	A	○	○	○	○	○	○	○	○	○	○	금령총, 식리총
	B	○		○	△	△	○	○	○	○	○	황오리 14-1
	C			○	△	△	○	○	○	○	○	노동리 4
	D						△	△	○	○	○	인왕동 19-K
Ⅲ	A	○	○	○	○	○	○	○	○	○	○	호우총
	B	○		○	△	△	○	○	○	○	○	황남리 109-1
	C			○	△	△	○	○	○	○	○	인왕동 19-D
	D						△	△	○	○	○	황남리 파3
	E								○		○	인왕동 19-H
	F									○	○	미추왕릉 5구역 2
	G										○	미추왕릉 5구역 8
Ⅳ	A	○		○	△	△	○	○	○	○	○	황오리 33동
	B			○	△	△	○	○	○	○	○	황오리 33서
	C						△	△	○	○	○	황남리 파4
	D								○	○	○	황성동 강변로 13
	E									○	○	미추왕릉 5구역 14
	F										○	황성동 강변로 9
	G											

강릉 병산동 26호는 은제 관식과 대금구, 재갈, 동해 추암동 가-21호는 동관, 울진 덕천리 34호는 금동관, 재갈, 의성 대리리 46-2호는 금동제 관모장식, 재갈, 대도, 대구 가천동 5호는 금동관, 탁, 95호는 은제관식, 이식, 139호는 금동관, 재갈, 168호는 금동관 이식, 고령 지산동 30-2호는 금동관, 도자, 양산 금조총은 금동관, 과대, 청동초두 등을 부장하였다.

묘제의 종류와 평면형태, 규모, 부장유물은 피장자의 지위와 지역 특징을 반영하고 있다. 금동관이 부장된 시기는 신라의 직접 규제를 받는 단계이다. 따라서 신라의 중심부인 경주지역 적석목곽묘를 통하여 울산지역 고분의 위치를 살펴보고자 한다.

적석목곽묘는 목곽의 면적에 따라 평면형태, 곽의 수, 석단 및 순장, 벽석과 적석 축조방법이 다르게 나타난다. 이와 함께 부장유물의 종류와 양에서도 차이를 보인다.

목곽의 면적은 초대형(20㎡ 이상), 대형(10㎡ 이상~20㎡ 미만), 중형(4㎡ 이상~10㎡ 미만), 소형(4㎡ 미만)으로 나누어지며, 적석목곽묘에서 가장 큰 분류의 기준이 되므로 각각 Ⅰ~Ⅳ등급으로 부여하고자 한다. 유물은 공반관계에 따라 A~G등급으로 나눌 수 있다. A등급은 冠帽, 頸·胸飾, 銙帶, 飾履, 金屬容器類, B등급은 관모를 포함한 경·흉식과 금속 용기류나 관모를 포함한 과대와 금속 용기류, C등급은 경·흉식 내지는 과대, 혹은 금속 용기류, D등급은 마구류 내지는 도·검류, E등급은 모 혹은 촉, F등급은 철부 또는 철겸, G등급은 토기를 중심으로 부장되었다.

금속 용기류에는 金製 高杯, 盌, 銀製 高杯, 盌, 盒, 金銅製 高杯, 盌, 盒, 靑銅製 壺杅, 容器, 盒, 鼎, 壺, 熨斗, 鐎斗, 甑, 鐵製 釜, 鼎, 鍑, 壺 등이 있다. 금속 용기류의 재질과 종류, 수량에 따라 세부 등급분류를 할 수 있다. 하지만 금속 용기류는 목곽의 면적과 유물의 등급분류에서 나타나는 특징과 거의 일치하므로 세분하지 않았다. 상위등급으로 갈수록 귀금속제 용기의 부장비율이 높아지면서 금속제 용기가 함께 부장되고 수량 또한 많다. 이에 반하여 하위등급에서는 금속제 용기를 주로 부장하며, 수량 역시 적다.

울산지역은 관모류를 제외하면 C등급과 D등급 사이에 위치한다. 대구 가천동 5호, 95호, 139호, 168호, 포항 옥성리 50호,[126] 의성 대리리 46-2

---

126) 慶尙北道文化財研究院, 2003, 『浦項玉城里古墳群發掘調査報告書』.

호, 울진 덕천리 34호, 강릉 병산동 26호, 밀양 양동리 28호 등과 같은 성격을 지닌 것으로 판단된다. 경주에서는 황성동 34호와 동일한 지위에 해당된다. 신라의 하위등급에 속한 ⅣA등급의 금속 용기류를 소유하지 않은 지배층으로 볼 수 있다.

울산은 기원후부터 4세기대까지 정치체로서 성장을 꾀하였지만 신라의 발전으로 5세기대에 접어들면서 통합되어진 것으로 판단된다. 신라의 위세품인 금동관을 부상한 고분은 기존의 고분에 연속으로 축조되었다. 그러므로 재지의 정치 기반을 어느 정도 인정받은 것으로 볼 수 있다. 북부권역의 중산동, 중부권역의 다운동, 서부권역의 차리, 남부권역의 대대리 등에서 대형봉토분이 확인되고 있다는 것이 이를 방증한다. 그 배경은 고대국가의 성장 기반이었던 철기[127]와 육로·해로를 이어주는 지리의 이점을 보유하였기 때문이라고 생각된다.

2. 울산과 주변 정치체의 관계

울산은 부산-양산-경주-포항-영해로 이어지는 130㎞ 정도의 좁고 긴 구조대 중앙부에 위치한다. 뿐만 아니라 동해안은 남-북으로 뻗어있고, 하천을 따라 동-서축이 서로 연결된다. 이러한 자연 지리적 환경으로 가야·신

---

127) 울산지역 고분에 부장된 철기의 종류와 양은 1세기대에서 4세기대로 갈수록 크게 늘어난다. 울산지역의 철과 관련된 문헌은 1452년 『세종실록지리지』에 달천에서 생산된 철 12,500근이 수납되었다는 기록이 있다. 중국 문헌 『삼국지』 위지동이전과 『후한서』에는 한, 예, 왜가 철을 가져가며, 시장에서 마치 중국에서 돈을 사용하는 것과 같다는 기사가 있다. 울산의 대표 광산인 달천유적에서 弥生土器와 樂浪系土器가 출토되었으며, 1993년 6월까지 철광석 생산작업이 이루어졌다. 뿐만 아니라 인근의 중산동에서 철기생산과 관련된 유구와 유물이 확인되었다. 또한 각 권역별로 중심 고분군 주변에 제철과 관련된 유적이 분포한다. 따라서 각 정치체별로 철기 생산시스템을 갖추고 있었던 것으로 판단된다.

라의 선진기술과 문물 및 여러 나라의 문화를 수용하여 발전시켜 나갈 수 있었던 것으로 판단된다.

표 11. 고분군 및 고분군간의 직선거리

김해-양산-언양 -봉계-경주간	김해 대성동 0km	양산 북정동 20.7km	울산 조일리 17.1km	울산 교동리 6.0km	울산 차리 7.8km	울산 하삼정 4.7km	울산 봉계리 8.4km	경주 덕천리 4.2km	경주 황남동 7.6km
동래-웅촌- 다운-경주간	부산 복천동 0km	양산 법기리 15.5km	울산 대대리 14.0km	울산 다운동 13.5km	울산 두산리 9.0km	경주 구어리 6.4km	경주 죽동리 4.0km	경주 구정동 5.0km	경주 황남동 9.7km
동천-경주간	울산 효문동 0km	울산 송정동 4.7km	울산 매곡동 4.0km	울산 중산동 3.5km	경주 구어리 4.0km	경주 죽동리 4.0km	경주 구정동 5.0km	경주 조양동 1.7km	경주 황남동 8.0km
동해안-경주간	울산 일산동 0km	울산 주전동 7.5km	울산 산하동 8.6km	경주 봉길리 12.5km	경주 구어리 15.5km	경주 죽동리 4.0km	경주 구정동 5.0km	경주 조양동 1.7km	경주 황남동 8.0km

김해-양산-언양-봉계-경주간 구조대에는 김해 대성동, 예안리, 양산 북정동, 울산 조일리, 차리, 하삼정, 봉계리, 경주 덕천리, 황남동 등이 위치한다. 고분군간의 직선거리는 4~20㎞ 정도이며, 총 누적거리는 76.5㎞이다.

동래-무거-다운-경주간 구조대에는 부산 동래 복천동, 양산 법기리 본법, 주남리, 울산 대대리, 다운동, 두산리, 경주 구어리 등이 위치한다. 고분군간의 직선거리는 4~15㎞ 정도이며, 경주 황남동까지의 총 누적거리는 77.1㎞이다.

동천-경주간 구조대에는 울산 효문동 율동, 송정동, 매곡동, 중산동, 경주 구어리, 죽동리, 구정동, 조양동, 황남동 등이 위치한다. 고분군간의 직선거리는 4~8㎞ 정도이며, 총 누적거리는 34.9㎞이다.

동해안-경주간에는 울산 일산동, 주전동 중마을, 산하동, 경주 봉길리, 경주 구어리 등이 위치한다. 고분군간의 직선거리는 7~15㎞ 정도이며, 경주 황남동까지의 총 누적거리는 62.8㎞이다(표 11 참조).

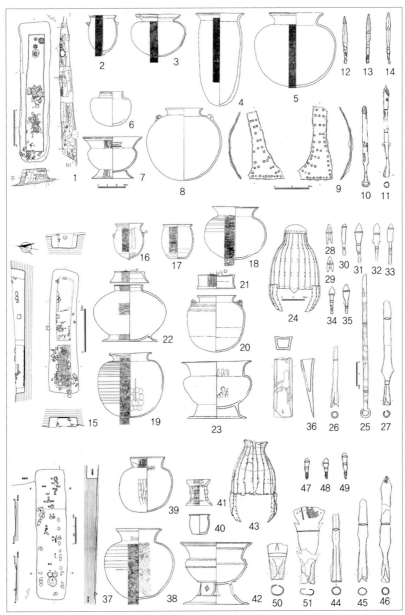

그림 97. 세장방형 목곽묘(1~14: 경주 구정동 3호, 15~36: 울산 중산리 ⅠA-100
호, 37~51: 포항 옥성리 17호) 축척부동

이상의 구조곡과 해안선은 정치, 경제, 군사, 교통상의 중요한 역할을 담당한 결절점이며, 울산에서 부산 또는 경주로 하루에 이동이 가능한 거리이다. 남부권역은 부산, 서부권역은 김해, 북부권역과 중부권역은 경주와 연결된 構造帶이다. 따라서 가야와 신라의 고분요소가 권역별로 조금씩 다르게 반영된 것으로 추정된다.

울산지역의 고분은 크게 순수목곽묘, 위석목곽묘, 석곽묘, 적석목곽묘, 횡구식 석실묘, 횡혈식 석실묘 순으로 출현한다. 순수목곽묘는 북부, 중부, 서부, 남부에서 2세기 후반대부터 축조되었다. 위석목곽묘는 1단계에 북부권역을 중심으로 축조되다가 3단계에 중부권역, 4단계에 서부권역, 6단계에 남부권역까지 확산된다. 석곽묘는 3단계에 서부권역에서 먼저 채용되고, 4단계에 중부와 북부에서 축조되기 시작한다. 적석목곽묘는 남부권역에서 5단계, 북부권역에서 6단계에 축조된다. 석실묘는 6단계에 남부권역, 7단계에는 북부, 중부, 서부권역에서 모두 확인된다.

2세기 후반대부터 축조되기 시작한 순수목곽묘는 신라·가야지역에서 장방형을 이루다가 '경주형목곽묘'와 '김해형목곽묘'로 정착하게 된다.[128] '경주형목곽묘'는 목곽의 길이와 너비의 비율이 4:1 이상으로 세장한 평면형태이다. 경주, 울산, 포항 등 동해 남부지역의 공통된 묘형이며, 철기를 비롯한 토기에서도 같은 양상을 보이고 있다. 따라서 공통 문화권 속에 여러 정치세력의 존재를 의미하고 있다.

이러한 '경주형목곽묘'는 영천, 경산, 대구를 비롯하여 양산, 부산에서도 확인된다. 복천동 164호[129]는 중형의 세장방형이며, 판갑이 부장되어 있다. 경산 임당 19호[130]는 '日'자형 주부곽식으로 피장자 발치에 순장자 2인

---

128) 申敬澈, 2000,「Ⅴ. 調査所見」『金海大成洞古墳群Ⅰ』, 慶星大學校博物館.

129) 福泉博物館, 2008,『東萊福泉洞古墳群-第8次發掘調査 160~166號-』.

130) 嶺南大學校博物館, 1991,『慶山 林堂地域 古墳群Ⅰ』.

을 나란하게 안치하였다. 이외에 세장방형 목곽묘는 함안과 합천에서도 관찰
되며, 이후의 5세기대 목곽묘와 석곽묘에서 더욱 세장해지는 경향을 보인다.
이것은 단순한 세장화가 아니라 장방형에서의 단점을 기술로 보완한 결과라
고 생각된다.

울산지역 서부권역에서는 부곽이 橫長方形이거나 方形에 가까우며, 부곽
의 床面이 주곽보다 높은 '김해형목곽묘'의 요소를 채용한다. 이러한 床面 段
差는 유물의 크기와 관계하지 않고 있어서 나른 싱격을 갖는 것으로 추정된
다. 뿐만 아니라 순수목곽묘, 위석목곽묘, 석곽묘에서 모두 관찰되며, 平床,
高床, 低床으로 나누어진다.

A : 매장주체부 안치공간과 유물 부장공간에 단을 두지 않은 平床.

B : 유물 부장공간을 매장주체부 안치공간보다 높게 마련한 高床.

C : 유물 부장공간을 매장주체부 안치공간보다 낮게 마련한 低床.

A식은 울산뿐만 아니라 한반도 전역에서 가장 많이 확인되며, 고분군 내
에서 절대다수를 차지한다.

B식은 중산동 5호 위석목곽묘, 하삼정 3호, 16호 위석목곽묘, 115호 석
곽묘, 조일리(울) 1호, 5호, 14호, 17호, 조일리(창) 94호, 율동 65호 순수
목곽묘, 조일리(창) 2호,
5-2호, 25호, 28-1호,
29-1호, 29-2호, 33
호, 35호, 46호 석곽묘,
다운동 마-4호 위석목곽
묘, 다운동 바-11, 18,
21호 위석목곽묘 등에서
관찰된다.

이러한 고상 부곽은 경
주 황남동, 영천 화남리,

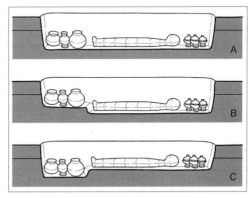

그림 98. 바닥 단차

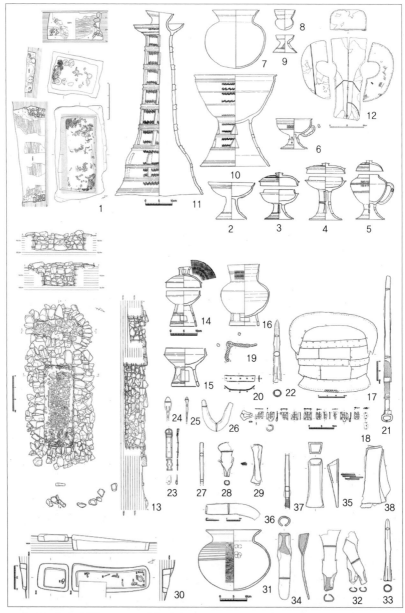

그림 99. 高床 副槨(1~12: 김해 대성동 1호, 13~29: 울산 하삼정 나-115호, 30~38: 울산 구미리 709-3번지 40호)

경산 임당동, 대구 가천동, 화성 마하리,[131] 오산 수청동,[132] 강릉 초당동, 안현동[133] 등에서도 관찰된다. 김해·부산지역의 고분요소가 반영된 것으로 판단된다.

C식은 중산동 547-1번지 1호, 중산리 I F-26호, IV-11·22-1호, V-5-1호, VIII-14·27호, 송정동 C-12·68호 순수목곽묘, 송정동 D-12호, 산하동 128호, 다운동 바-19호 위석목곽묘, 상안동 석곽묘, 하삼정 가-47호, 가-64호, 조일리 1-1호 석곽묘 등에서 확인할 수 있다. 현재까지의 자료로 볼 때, B식은 조일리, C식은 상안동에서 가장 높은 분포를 보인다.

한편 중부권역의 북동에서는 부곽이 장방형을 이루면서 高床인 부산지역의 고분요소를 받아들였다. 또한 위석목곽묘에 'U'자형 바닥시설과 꺾쇠를 사용한 목곽 등에서 부산지역의 요소가 반영된다. 상안동은 III지구에서 'ㅁ'자형과 'ㅏ'자형 목곽묘, II지구에서 'T', 'ㅏ'자형 석곽묘, III지구에서 'T'자형 석곽묘, 횡구식 석실묘가 순차로 축조되었다. 뿐만 아니라 III지구에서는 한쪽 단벽부의 유물 부장공간을 장방형으로 길게 굴착한 형태가 관찰된다. 이러한 형태는 김해 대성동 73호,[134] 85호, 87호, 90호,[135] 93호,[136] 고령 지산동 30호, 강릉 초당동 A-1호 등에서 확인된다.

대성동 73, 87호는 석곽묘, 90호와 93호는 목곽묘로 서쪽 단벽부에 副葬坑을 설치하였다. 85호는 석곽묘로 북쪽 단벽부에 부장갱을 마련하고 이곳에 殉葬者를 안치하였다. 고령 지산동 30호와 강릉 초당동 A-1호는 석곽묘로 매장주체부 공간에 凹자형으로 굴착하여 석곽을 설치하였다. 평면형태와

---

131) 서울대학교박물관, 2004, 『馬霞里 古墳群』.

132) 京畿文化財研究院, 2012, 『烏山 水淸洞 百濟 墳墓群 I~IV』.

133) 예맥문화재연구원, 2011, 『江陵 雁峴洞遺蹟』.

134) 대성동고분박물관, 2013, 『金海 大成洞古墳群-73호분~84호분-』.

135) 대성동고분박물관, 2015, 『金海 大成洞古墳群-85호분~91호분-』.

136) 김해시 대성동고분박물관, 2014, 「김해 대성동고분군 9차 발굴조사 자문회의」.

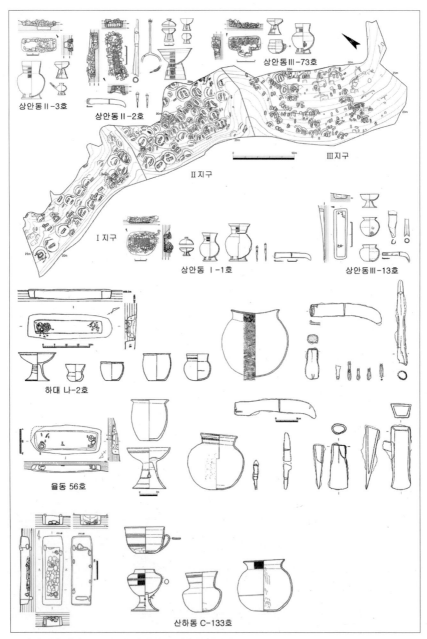

상안동II-3호

상안동II-2호

상안동III-73호

III지구

II지구

I지구

상안동 I-1호

상안동III-13호

하대 나-2호

율동 56호

산하동 C-133호

그림 100. 在地系 및 外來系 유구와 유물(축척부동)

성격은 조금씩 다르지만 유물 또는 순장자, 혹은 被葬者를 安置하기 위하여 상면보다 낮게 굴착한 공통점을 가진다. 이와 같은 C식은 경주지역에서 중심을 이룬 신라의 고분 요소로 볼 수 있다.

석곽묘는 가야, 적석목곽묘는 신라의 專有 墓制이다. 울산지역은 3단계에 서부권역에서 석곽묘, 5단계에 남부권역에서 적석목곽묘를 채용한다. 위석목곽묘는 북부권역에서 1단계부터 축조한 在地의 고분요소이다. 이외에 평면형태 'T'자형과 'ㅏ'사형도 새지의 고분요소로 판단된다.

평면형태 'T'자형은 피장자의 발치에, 'ㅏ'자형은 피장자의 좌측에 주로 돌출된 부곽을 마련하였다. 부곽의 축조위치에서 차이를 보이는 것이다. 'T'자형은 서부권역, 'ㅏ'자형은 북부권역에서 중심을 이루다가 주변으로 확산되는 모습을 보인다.

'T'자형은 경주 중심부에서 관찰되는 비율이 높지만 'ㅏ'자형은 대부분 경주 외곽에 분포한다. 평면형태 'ㅏ'자형은 울산·경주 이외에 밀양 신안,[137] 경산 신상리,[138] 대구 가천동, 성주 성산동,[139] 장학리,[140] 군위 고곡리,[141] 화성 마하리 등에서 확인된다.

이러한 평면형태는 5~6단계에 집중되며, 순수목곽묘, 위석목곽묘, 적석목곽묘, 석곽묘에서 모두 축조된다. 하삼정 가-3호 위석목곽묘는 5세기 전반에 해당되며, 평면형태 'T'자형으로 고상 부곽이다. 5세기 중반 이후에는 석곽묘에서 이러한 'T'자형이 축조된다. 'T'자형의 기원은 4세기대 '김해형목곽묘'에서 찾을 수 있다. 5세기대의 이혈·동혈 'T'자형 주부곽식은 김해지역

---

137) 慶南發展硏究院 歷史文化센터, 2006, 『密陽 新安遺蹟Ⅰ』.
　　 慶南發展硏究院 歷史文化센터, 2007, 『密陽 新安遺蹟Ⅱ』.

138) 嶺南大學校博物館, 2006, 『慶山 新上里 遺蹟Ⅰ~Ⅳ』.

139) 啓明大學校 行素博物館, 2006, 『星州星山洞古墳群』.

140) 慶尙北道文化財硏究院, 2008, 『성주 장학리 별티유적』.

141) 慶尙北道文化財硏究院, 2004, 『軍威 高谷里古墳群 收拾發掘調査報告書』.

의 요소를 수용하여 在地化 시킨 것으로 판단된다.

횡구식 석실묘는 5세기 후반부터 축조되며, 목곽·석곽묘를 대체해간다. 고구려나 백제지역의 횡혈식 석실묘를 바로 도입하지 않고 기존의 묘제인 석곽에 횡혈식 석실의 매장방식만 수용하였다.[142] 따라서 세장방형 횡구식 석실묘가 축조된다. 횡혈식 석실묘를 도입하는 6세기 중반에도 횡구식 석실묘의 비중이 높으며, 여전히 위석목곽묘 혹은 석곽묘를 연접한 다곽식도 많이 축조된다. 횡혈식 석실묘는 중산동을 중심으로 동천강 유역에서 높은 밀집도를 보이므로 신라로부터 유입되었을 가능성이 크다.

토기유물은 가야토기인 外折口緣高杯와 臺附把手附 小壺, 火焰文透窓高杯 등이 남부권역의 하대와 북부권역의 중산동, 율동, 산하동에서 확인된다. 특히 대부파수부 소호는 가야토기 중 부산·김해지역을 중심으로 5세기대에 성행하였다.[143] 울산은 부산지역과 가까운 남부·북부권역에서 관찰되며, 강릉 안현동 3, 4, 9호 순수목곽묘에서도 확인된다. 안현동 4호 순수목곽묘는 부곽의 바닥이 주곽보다 높은 고상이다. 그리고 안현동은 울산 산하동 순수목곽묘와 같이 단벽부에 수혈을 설치한 목곽시설을 갖추고 있다. 따라서 부산, 울산, 강릉을 잇는 동해안의 교류가 진행되었음을 알 수 있다.

이외에 금속유물로 북동 18호 목곽묘 출토 꺾쇠, 44호 목곽묘 출토 鑣轡, 하삼정 나-115호 석곽묘 출토 長方板甲 등이 있다.[144] 꺾쇠는 울산지역 고분에서 거의 관찰되지 않는다. 북동 18호 목곽묘 주곽의 시상 형태와 꺾쇠의 출토위치로 볼 때, 부산지역의 고분요소를 반영하고 있다. 표비는 김해 대성

---

142) 洪潽植, 2001, 「6~7世紀代 新羅古墳 硏究」, 釜山大學校 一般大學院 文學博士 學位論文, 118쪽.

143) 趙榮濟, 2010, 「(有蓋)臺附把手附 小壺考」『韓國考古學報』 76, 韓國考古學會.

144) 홍보식, 2016, 「삼국통일신라시대 울산지역의 대외교류」『삼국통일신라시대의 울산』, 蔚山文化財硏究院.

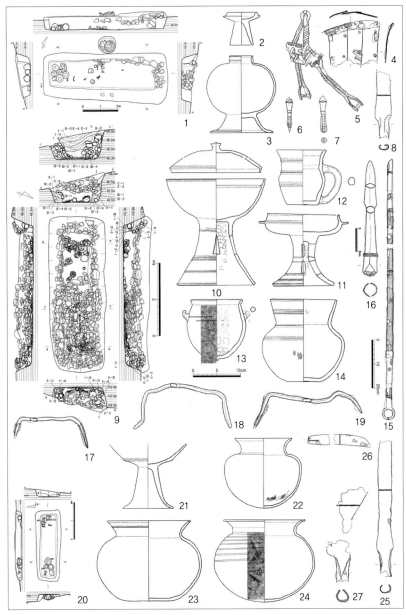

그림 101. 북동유적 출토 外來系 유물(1~8: 44호, 9~19: 18호, 20~27: 63호)

동 2호,[145] 91호[146] 목곽묘, 복천동 60호[147] 목곽묘 출토품 등과 유사하
다. 장방판갑은 김해 두곡 72호 석곽묘,[148] 부산 연산동 8호[149] 석곽묘, 고
흥 안동고분[150] 석곽묘 등에서 출토되었다.

한편 대성동 2호와 복천동 60호의 표비는 선비·고구려지역에서 발견되지
않는 것으로 김해지역에서 마구의 재지화가 이루어졌으며, 이후 다양한 마구
의 종류와 형식이 여러 지역으로 확산되는 커다란 변화가 일어났다.[151] 하삼
정 나-115호 장방판갑은 왜계 갑주,[152] 북동 13·63호 목곽묘 출토 고배는
土師器系 土器[153]로 분류된다. 장방판갑과 북동 13호 고배는 일본열도에서
제작되어 搬入되었을 가능성이 큰 것으로 보고 있다. 이처럼 울산지역에서
출토된 외래계 유물의 대부분이 부산·김해지역과 관련을 갖고 있다. 따라서
금관가야권역 정치체와 교류를 지속 유지하고 있었던 것으로 볼 수 있다.

울산은 신라와 같은 문화권에 속해 있었지만 독립 정치체를 구성하여 주변
의 가야와 교류를 진행하고 있었음을 알 수 있다. 서부권역은 석곽묘와 高床
부곽, 'T'자형 평면형태, 북부권역은 목곽묘와 低床 부곽, 'ㅏ'자형 평면형태,

---

145) 慶星大學校博物館, 2000, 『金海大成洞古墳群 Ⅰ』.
146) 대성동고분박물관, 2015, 『金海 大成洞古墳群-85호분~91호분-』.
147) 釜山大學校博物館, 1996, 『東萊福泉洞古墳群 Ⅲ』.
148) 부경대학교박물관, 1998, 「두곡유적 발굴조사 결과 약보고」.
149) 申敬澈, 1987, 「釜山 蓮山洞 8號墳 發掘調査槪報」 『年報』 第10輯, 釜山直轄市立博
    物館.
150) 전남대학교박물관, 2015, 『고흥 길두리 안동고분』.
151) 柳昌煥, 2007, 「加耶馬具의 硏究」, 東義大學校 大學院 文學博士 學位論文.
    류창환, 2010, 「副葬品으로 본 加耶馬具의 性格과 意義」 『慶南硏究』 3, 경남발전연
    구원 역사문화센터.
152) 김혁중, 2011, 「한반도 출토 왜계 갑주(倭係 甲冑)의 분포와 의미」 『中央考古硏究』
    8, 中央文化財硏究院.
153) 조성원, 2016, 「영남지역 출토 4~5세기대 土師器系土器의 재검토」 『한국고고학
    보』 99, 한국고고학회.

중부·남부권역은 이러한 요소들이 복합으로 나타나고 있다. 또한 울산은 주변의 신라와 가야의 고분요소를 권역별 또는 고분군별로 수용하여 재지화 시켰던 것으로 판단된다. 서부권역은 김해, 중부·남부권역은 부산, 북부권역은 경주지역의 요소를 많이 반영하고 있다.

현재까지 발굴조사 된 자료를 통하여 볼 때, 울산은 경주지역과 같은 고분문화를 가진 단위 정치체로 3단계까지 신라와 대등한 위치에 있었던 것으로 판단된다. 4단계부터 신라의 성장으로 고분의 규제를 받았지만 울산지역의 특징 고분요소와 대형 봉토분이 축조되었다.

문헌기록으로 볼 때, 울산에는 栗浦縣, 屈阿火縣, 居知火縣, 于火縣 등이 북·중·서·남부권역에 존재하였다. 이전 시기에는 우시산국·굴아화촌이 웅촌면 대대리와 범서읍 굴화리 일대에 있었다. 따라서 울산은 신라에 편입된 이후에도 단위 정치체가 유지되었던 것으로 볼 수 있다.

VII
맺음말

울산은 동해와 연결된 태화강을 중심으로 구석기시대부터 사람들이 모여 살기 시작하였다. 이곳에서 역사의 여명기를 맞이한 이래로 지금까지 계속 살아오고 있으며, 많은 유적을 남겨놓았다. 청동기시대에 삶의 터전을 잡은 수렵, 채집민들은 땅을 경작하기 시작했다. 우리 조상들은 자연을 삶의 터전으로 삼았고, 그들의 삶을 지탱해 준 것은 풍부한 자연자원이었다. 울산지역 청동기시대 대규모 취락과 삼한·삼국시대 생활유적 및 고분에서 이들의 세계에 대한 단서를 찾아볼 수 있다.

이 가운데 가장 많은 고고자료를 차지하고 있는 것이 삼국시대 고분이다. 삼국시대 울산은 동쪽에 栗浦縣, 다운동을 중심으로 屈阿火縣, 서쪽에 居知火縣, 남쪽 서생면에 生西良郡, 웅촌면에 于火縣을 두었다. 『三國史記』에 于尸山國과 屈阿火村이 기록된 것으로 볼 때, 삼국시대 이전 시기부터 정치체가 존재하였음을 알 수 있다.

정치체의 존재는 고분을 통하여 알려졌다. 고분에 대한 발굴조사는 1960년대부터 이루어졌으나 1990년대까지 대부분 개발에 따른 수습조사를 진행하였다. 2000년대에 들어서는 대규모 개발 공사와 함께 발굴조사도 체계를 갖추고 시행되었다. 이 무렵부터 울산 역사의 실체가 조금씩 드러나기 시작하였다.

1991년과 1992년 두 차례에 걸친 학술조사로 울산의 고대사 연구에 시금석이 된 하대유적은 김해의 狗倻國, 부산의 瀆盧國, 경주의 斯盧國과 비견되는 정치체로서 우시산국의 존재를 알렸다.

이후에 다운동고분군은 굴아화촌 지배층의 무덤, 중산동고분군과 하삼정고분군은 주체가 밝혀지지 않았지만 고분군의 규모와 부상유물로 볼 때, 상위의 정치체가 있었던 것으로 확인되었다. 이외에도 태화강과 동천강, 회야강 일대에 많은 고분군이 분포하는 것으로 나타났다.

아직까지 문헌기록에 따라 울산의 고대사를 신라사의 한 부분으로 편입하여 보는 경향이 적지 않다. 따라서 본 연구의 목적은 불분명한 울산의 고대역사를 고분 자료로 연구·복원하고자 하였다. 이를 위하여 울산의 자연 지형과 고분군 분포양상, 묘제 분석과 유형 설정, 고분의 단계설정과 편년, 고분의 전개양상과 시기별 특징, 울산지역 고분의 성격 순으로 살펴보았다.

먼저 울산의 자연지형을 보면 동쪽은 동해에 면해 있고, 서쪽은 中山性 산지, 남쪽과 북쪽은 구릉성 산지로 침식평야가 발달해 있다. 산지 사이로 구조곡과 강이 형성되면서 크게 북부, 중부, 서부, 남부권역으로 나눌 수 있고 고분문화에서도 차이를 보인다.

고분은 매장의례 행위의 결과물로 남겨졌으며, 구조와 부장품을 통해 피장자의 지위나 사회구조, 집단의 정체성을 이해할 수도 있다. 울산지역의 고분은 목곽묘, 석곽묘, 석실묘 순으로 전개된다. 고분의 속성은 여러 가지가 있지만 목곽묘와 석곽묘는 평면형태, 출토 유물 조합상, 석실묘는 현실의 장단축비와 출입구의 위치, 1차 시상의 위치에서 의미를 찾을 수 있었다. 평면형태는 시·공간성, 출토 유물 조합상은 사회구조를 반영하고, 현실의 장단축비와 출입구의 위치는 효용성을 중시한 것으로 판단된다.

울산의 고분문화는 고배의 형식변화를 통하여 10단계로 나누어진다.

1단계는 북부권역에서 순수목곽묘 I~V유형, 위석목곽묘 I, III~V유형, 중부권역에서 순수목곽묘 Ⅲ·Ⅳ유형, 서부권역에서 순수목곽묘 Ⅰ~Ⅴ유형, 남부권역에서 순수목곽묘 Ⅱ~Ⅴ유형이 관찰된다. 북부권역의 위석목곽묘는 타원형의 묘역을 갖추었으며, 갑옷을 부장하여 고분의 위계화를 이루었다.

2단계는 북부권역의 중산동, 중부권역의 북동, 서부권역의 구미리에서 '呂'자형 이혈 주부곽식이 출현한다. 중산동과 북동은 부곽의 평면형태가 세장한 반면에 구미리는 방형에 가깝다. 한편 북동과 구미리는 부곽의 바닥이 주곽보다 높고 중산동은 높이 차이가 없다. 권역별로 고분의 속성에서 차이를 보인다.

3단계는 북부권역에서 위석목곽묘 Ⅱ유형, 중부권역에서 순수목곽묘 Ⅰ· Ⅱ유형, 위석목곽묘 Ⅱ유형, 서부권역에서 석곽묘 Ⅱ유형이 출현한다. 위석목곽묘가 북부권역에서 점차 증가 하면서 중부권역으로 확산되고, 석곽묘가 서부권역에서 가장 먼저 채용되었다. 북부권역의 산하동에서는 단벽부에 수혈을 배치하였다.

4단계는 북부권역에서 석곽묘 Ⅴ유형, 중부권역에서 석곽묘 Ⅳ, Ⅴ유형, 서부권역에서 위석목곽묘 Ⅱ, Ⅲ유형이 확인된다. 석곽묘가 서부권역에서 북부·중부권역으로, 위석목곽묘가 북부권역에서 중부·서부권역으로 확산되는 양상을 보이며, 호석과 주구 등을 갖추었다.

5단계는 북부권역에서 석곽묘 Ⅱ·Ⅲ유형, 중부권역에서 위석목곽묘 Ⅳ· Ⅴ유형, 석곽묘 Ⅱ유형, 서부권역에서 위석목곽묘 Ⅳ유형, 남부권역에서 적석목곽묘 Ⅳ유형이 새롭게 등장한다. 순수목곽묘, 위석목곽묘, 적석목곽묘, 석곽묘가 혼재한다. 평면형태는 'ㅏ'자형이 북부권역, 'T'자형이 서부권역을 중심으로 조성된다.

6단계는 북부권역에서 적석목곽묘 Ⅲ·Ⅳ유형, 석곽묘 Ⅱ유형, 중부권역에서 위석목곽묘 Ⅲ유형, 석곽묘 Ⅱ유형, 서부권역에서 위석목곽묘 Ⅴ유형, 석곽묘 Ⅰ유형, 남부권역에서 위석목곽묘·석곽묘 Ⅲ~Ⅴ유형, 석실묘 Ⅰ유형이 새롭게 출현한다. 북부권역에서 적석목곽묘, 남부권역에서 세장방형 횡구식 석실묘를 채용하였다. 중부권역에서 평면형태 'ㅏ'·'T'자형을 공유하고, 피장자 공간에 유물 부장갱이 마련된다.

7단계는 북부권역에서 적석목곽묘 Ⅱ·Ⅴ유형, 석실묘, Ⅰ·Ⅱ유형, 중부권역에서 석실묘 Ⅰ유형, 서부권역에서 석실묘 Ⅰ~Ⅲ유형, 남부권역에서 위석목곽묘 Ⅱ유형, 적석목곽묘 Ⅲ유형, 석실묘 Ⅲ유형이 나타난다. 횡구식 석실묘가 모든 권역에서 채용되지만 위석목곽묘와 석곽묘가 중심을 이루고 있다.

8단계는 북부권역에서 석실묘 Ⅲ~Ⅵ유형, 중부권역에서 석실묘 Ⅱ~Ⅵ유형, 남부권역에서 석실묘 Ⅱ유형이 새롭게 축조된다. 횡구·횡혈식 석실묘와 함께 다곽식 고분이 조성되며, 북부·중부권역에서는 횡구·횡혈식 석실묘, 남부·서부권역에서는 횡구식 석실묘가 주를 이룬다.

9단계는 서부권역에서 석실묘 Ⅳ·Ⅴ유형, 남부권역에서 석실묘 Ⅴ유형이 출현하며, 10단계까지 이어진다. 석실묘가 단독으로 축조되거나 묘역을 달리하여 군집을 이룬다. 북부권역은 동천강 유역에서 횡혈식 석실묘, 동해 해안가와 중·서·남부권역에서 횡구식 석실묘를 주로 축조하였다.

이상의 단계구분을 바탕으로 울산지역 고분문화는 아래와 같이 다섯 劃期로 나눌 수 있다.

1기(3세기 후반~4세기 후반)는 1~3단계가 해당된다. 세장방형과 '呂'자형 목곽묘, 타원형 묘역시설을 갖춘 위석목곽묘가 등장한다.

2기(4세기 후반~5세기 중반)는 석곽묘가 출현하는 시기로 3~5단계이다. 벽석은 정연하게 쌓아 올렸으며, 나무덮개를 橫架 하였다. 副槨과 항아리 종류는 발치 쪽에 배치하였다.

3기(5세기 중반~6세기 전반)는 평면형태 'ㅏ'·'T'자형이 축조되는 시기로서 5~7단계가 해당된다. 'ㅏ'자형은 북부권역, 'T'자형은 서부권역에서 高床 副槨과 함께 중심을 이룬다. 세장방형 횡구식 석실묘가 남부권역에서 축조된다.

4기(6세기 전반~6세기 후반)는 7~9단계로서 장방형 횡구식 석실묘와 함께 다곽식 고분이 조성된다. 석실묘의 출입구는 1차 시상의 위치와 엇갈리도록 설치하였다.

5기(6세기 후반~7세기 전반)는 횡혈식 석실묘가 축조되는 시기로 9·10단계이다. 평면형태가 대부분 방형이며, 동천강 유역에서 횡혈식, 이외에는 횡구식의 비율이 높게 나타나고, 단독 혹은 독립 묘역을 조성하였다.

울산지역은 기원전후 1세기대에 목관묘, 기원후 2세기 후반대에 대형 목곽묘를 축조한다. 기원전에는 청동기, 기원후에는 철기가 위신재로 사용되었으며, 점차 철기의 부장양이 늘어나고 종류도 다양해졌다. 한반도에서 철은 청동보다 재료를 구하기 쉽고 단단해서 무기는 물론 농기구로 널리 사용되었다. 농기구의 보급과 우경의 실시는 생산력 증대로 이어지고, 그 파급효과 또한 매우 크다.

농업 생산력이 높아지자 경제가 발달하고 교역이 이루어진다. 축적된 경제력과 교역을 통하여 획득한 선진문물로 높은 위상을 유지하였을 것이다. 생산력의 증대는 권력의 집중화를 이루고 국가 발전의 원동력이 된다. 삼한시대에서 삼국시대로 이어진 변화의 배경에는 바로 이러한 사회·경제의 대변혁이 있었다.

울산의 여러 곳에서 대형 봉분을 가진 고분들을 만날 수 있다. 이 고분은 당시 지배자의 상징물로서 지배권력의 위세를 짐작케 한다. 각 권역별로 묘제의 차이는 있지만 1기까지 재지의 문화요소를 기반으로 경주지역과 대등한 위치에 있었다. 신라화 되기 이전은 남부권역의 하대를 중심으로 한 우시산국, 그 외에도 북부권역의 중산동, 중부권역의 다운동, 서부권역의 하삼정에서 고분군의 규모와 위계화 된 부장유물로 보았을 때, 정치집단을 고려할 만하다.

경주와 가장 가까운 북부권역은 2기부터 갑주의 부장이 이루어지지 않으며, 철기의 부장량이 급격하게 감소한다. 따라서 이 단계에 신라화가 진행된 것으로 판단된다. 그 다음 중·서부권역은 4기에 금동관을 비롯한 신라의 威勢品이 부장되며, 갑주의 부장이 중단된 것으로 보아 조금 늦게 신라화 되었음을 알 수 있다. 마지막으로 거리가 가장 먼 남부권역은 이 시기의 조사 자료가 많지 않아 단정하기 어렵지만 대대리 일대에 분포하는 대형 봉토분의 규모와 범위 등을 통하여 볼 때, 가장 늦게 신라화 된 것으로 판단된다.

울산은 동해 남부의 공통 문화권에 속에서 단위 정치체를 구성하여 주변의 정치체와도 교류를 진행하여 왔다. 북부권역은 경주, 중부권역은 경주·부산, 서부권역은 김해, 남부권역은 부산지역의 고분요소를 많이 반영하고 있다. 자연지형상 남-북축과 동-서축이 모두 연결되어 있어서 육로·해로를 통한 문화 및 사람의 이동이 활발했던 것으로 판단된다.

2기부터 신라의 성장으로 고분의 규제를 받았지만 울산지역의 특징을 가진 고분요소와 대형 봉토분이 축조되고 있었다. 이로 보아 단위 정치체의 지위는 어느 정도 유지되었던 것으로 볼 수 있다. 신라는 주변의 여러 정치 단위들을 통합해 나갔고 그들의 권력을 강화하였다. 그 속에서 중앙과 주변 집단은 유연한 관계를 유지하면서 자신들의 지위나 위상을 공고히 하였던 것으로 판단된다.

울산의 고대사는 기록을 남기지 못했으므로 『삼국유사』에 전하는 내용이 역사의 전체인 것처럼 여겨져 왔다. 그렇지만 1990년대 이후 진행된 발굴조사 결과 강력한 지배집단을 입증할 만한 고분이 여러 곳에서 확인되었다. 이를 통해 문헌으로만 그려졌던 울산의 실체가 드러나게 되었고, 올바른 역사 인식을 제고할 필요성이 대두되었다.

필자는 울산지역의 고분을 통하여 정치체의 성격을 파악하고 나아가 신라와 가야의 관계를 밝히고자 하였다. 다양한 고분구조와 출토유물을 하나의 유형으로 설정하여 당시의 사회구조를 복원하는 것은 매우 어려운 일이었다.

우리 조상들이 남긴 기록은 문자보다 대부분 유적 안에 유구와 유물로서 말하고 있다. 고고학자는 역사를 기록하는 史官의 자세로 물질자료에 충실하여 희미한 자취를 찾아낸다. 이런 점에서 고고학에 대한 자긍심을 갖지만 한편으로는 굉장한 부담감을 떨칠 수 없다. 수만 년 전부터 현재까지 울산의 모습을 되살려 놓을 수 있기를 기대해 본다. 많은 사람들이 고대인과의 만남에 관심을 가져주고 앞으로 고고학이 더욱 발전할 수 있기를 바라며, 숱한 과제와 주제를 안고 앞으로 계속 연구해 나가도록 하겠다.

울산지역 고분 현황

연번	유적명	유구						비고
		목관	옹관	토광	목곽	석곽	석실	
1	중산동 갓안고분군							지표조사
2	중산동547-1유적	1			4			울문연 2008
	중산동542유적	5						울문연 2011
	중산동543유적						1	울문연 2005
	중산동 543-4번지 유적					1		한국문화재보호재단 2013
	중산리유적 II·V·VII지구							창원대 2006 창원대 2007 창원대 2012 창원대 2014
3	중산리유적 III지구	850여 기						
4	중산리유적 VI지구							
	중산리유적 I·IV·VIII지구							
5	중산동고분군		3		44	15	3	울문연 2011
	중산동 615번지 유적		2		31	3		울발연 2014
	중산동 613-3번지 유적		4		35	1		한국문화재단 2015
6	중산동산96유적 II지구						1	울문연 2015
7	중산동산96유적 III지구					3	8	울문연 2015
8	중산동 약수고분군							지표조사
9	매곡동유적 I지구						1	울문연 2005
10	매곡동 330-2번지 유적		2				1	한국문물연구원 2010
11	호계·매곡동 복합유적				16	1	1	동아세아문화재연구원 2011
12	호계동28-1유적				2			울문연 2016
13	창평동 낭골유적					2	1	한국문화재연구원 2016
14	창평동 810번지 유적	10	7	4				우리문화재연구원 2012
15	송정동 복합유적 A-1지구		2			2	3	동아세아문화재연구원 2015
16	송정동 복합유적 C-1지구	1	4		45	44	20	동아세아문화재연구원 2015
17	송정동 복합유적 D지구				2	31	6	동아세아문화재연구원 2015
18	연암·화봉동유적		1			29	4	우리문화재연구원 2012

연번	유적명	유구						비고
		목관	옹관	토광	목곽	석곽	석실	
19	효문동고분군							지표조사
20	효문동죽전곡유적						1	울문연 2004
21	효문동율동유적		14		76	36	1	울문연 2006
22	산하동 화암고분군		2			38	9	울발연 2011
23	산하동 화암유적		1		13	6	13	울발연 2011
24	산하동 화암유적					9	1	동서문물연구원 2011
25	산하동유적		8	3	71	138	15	울문연 2014
26	무룡동 윗주렴고분군							지표조사
27	정자동 강남사고분군							지표조사
28	구유동 딱암유적							지표조사
29	신현동유적			1				중문연 2003
30	신현동 구남고분군							지표조사
31	주전동중마을고분군					4	10	울문연 2009
32	전하동고분군							지표조사
33	일산동고분군		2	6		12	9	창원대 1998
34	방어진 동진유적							지표조사
35	천곡동 600-5번지 유적	4						울발연 2013
36	상안동고분군				75	308		울발연 2015
	상안동545유적					1	1	울문연 2015
37	가대동 가서고분군							지표조사
38	시례동고분군							지표조사
39	장현동유적	19	16	4	36		1	울문연 2013
40	약사동북동유적		11		76	243	39	울문연 2013
	약사393유적					5		울문연 2013
41	약사동 유적					7	6	한국문화재보호재단 2013
	약사동유적					3	4	중문연 2012
	약사동 유적						1	우리문화재연구원 2012
42	약사동평산유적 I				18			울문연 2012
	약사동평산유적 II					1	2	울문연 2013
43	두산리고분군							지표조사
44	두산리유적 I						1	중문연 2013

연번	유적명	유구						비고
		목관	옹관	토광	목곽	석곽	석실	
45	다운동 말미고분군							지표조사
46	다운동유적 '나'지구	4	12			29		부산여대 1995
	다운동유적 '가·나'지구							창원대 2006
47	다운동 마 구역 유적				2	14	2	울발연 2003
	다운동 바 구역 유적	1			17	20	4	울발연 2005
48	다운동 유적 I-골프장	2			1	8		창원대 2004
	다운동 유적 I-주유소					5		창원대 2004
	다운동 유적 II							창원대 2006
	다운동 913-1유적	7			6	73		울발연 2015
49	다운동고분군							지표조사
50	다운동 운곡유적					1	3	창원대 1998
51	태화동 서당골고분군							지표조사
52	유곡동·우정동유적			2	16	47	25	중문연 2012
53	구영리고분군							지표조사
54	구영리 유적					1	2	울발연 2007
55	구영리유적					1	1	경남대 2004
56	입암리고분군							지표조사
57	봉계리 남명유적							지표조사
58	봉계리 계당유적					2	2	동서문물연구원 2013
59	봉계리유적					1	2	영남대 2000
60	봉계리 고래들유적							지표조사
61	봉계리 배내유적							지표조사
62	봉계리 이중유적							지표조사
63	봉계리 자골유적							지표조사
64	봉계리 하월유적							지표조사
65	봉계리 등동유적							지표조사
66	활천리고분군							지표조사
67	활천리 열백들 유적						2	울발연 2010
68	복안리고분군							지표조사
69	내와리 외와유적							지표조사
70	내와리 숲말유적							지표조사
71	미호리유적							지표조사

연번	유적명	유구						비고
		목관	옹관	토광	목곽	석곽	석실	
72	미호리고분군							울문연 시굴조사
73	전읍리 갑골유적		1		41	47	10	부경문물연구원 2014
74	전읍리유적						1	중문연 2004
75	구미리 당산유적							지표조사
76	구미리고분군							지표조사
77	구미리 대밀유적							지표조사
78	구미리 709-3번지 유적		2		41			울발연 2014
79	이전리고분군							지표조사
80	이전리 당리유적							지표조사
81	이전리 이정골유적							지표조사
82	이전리 당수말유적							지표조사
83	만화리 옻밭유적							지표조사
84	만화리 비조유적							지표조사
85	은편리유적							지표조사
86	은편리 율림유적							지표조사
87	인보리고분군							지표조사
88	하삼정유적	5	4		24			한국문화재보호재단 2007
	하삼정 고분군 Ⅰ~Ⅸ		9		129	797	35	한국문화재보호재단 2009~2014
89	서하리고분군		1					울발연 2007
90	구량리고분군							지표조사
91	천전리고분군							지표조사
92	차리고분군					4		울문연 2004 시굴조사
93	구량리 까치골유적							지표조사
94	반곡리고분군							지표조사
95	평리425-9유적			1				울문연 2009
	평리425-20유적			1				울문연 2009
96	반곡리 고하고분군							지표조사
97	지내리 신리유적							지표조사
98	지내리 재궁곡유적							지표조사

연번	유적명	유구						비고
		목관	옹관	토광	목곽	석곽	석실	
99	지내리74-1유적				9			울문연 2014 시굴조사
100	지내리 가장골유적							지표조사
101	지내리 대밭유적							지표조사
102	지내리 수목원유적							지표조사
103	산전리 건천고분군							지표조사
104	산전리 도동유적							지표조사
105	산전리 오름골유적							지표조사
106	산전리고분군							지표조사
107	궁근정리유적							지표조사
108	궁근정리고분군							지표조사
109	양등리유적							지표조사
110	거리고분군							지표조사
111	길천리 후리유적							지표조사
112	향산리청룡유적	1						울문연 2005
113	직동리고분군							지표조사
114	직동리 새각단유적							지표조사
115	직동리 새못유적							지표조사
116	직동리 큰동네유적							지표조사
117	직동리 고든골유적							지표조사
118	직동리335-1유적					1	1	울문연 2016
119	천전리고분군							지표조사
120	등억리고분군							지표조사
121	교동리유적					68	8	동아대 2000
122	교동리유적	8	23				2	울문연 2013
123	신화리유적Ⅱ	1				4	4	울발연 2013
	신화리유적(上) 신화리유적(2)	2	4	10	1	1	3	한국문물연구원 2011, 2012
	신화리 유적						1	경남문화재연구원 2009
124	신화리유적Ⅱ	8				3		동아대 2011
125	구수리277유적						1	울문연 2011
126	하잠리221-10유적					4		울문연 2010

연번	유적명	유구						비고
		목관	옹관	토광	목곽	석곽	석실	
127	구수리 대동유적							지표조사
128	구수리대암유적						1	울문연 2009
129	반송리산37-6유적				2			울문연 2015
130	천소유적				3			울산대 2004
131	사연리 늠네유적		3			1		울문연 2003
132	반연리 유적					2		울발연 2010
133	가천리고분군							지표조사
134	상천리고분군							지표조사
135	가천리고분				12	19		울문연 2016
136	방기리고분군							지표조사
137	조일리고분군		1		22	114		국립창원문화재연구소 2000
	조일리고분군 I · II		3		56	127	1	울산대 2001, 2013
	조일리 산65-3유적				13	16	3	울문연 2017
	조일리 산60번지 유적						1	울문연 2017
	조일리유적 I							울문연 2017
138	보은리 원보은고분군							지표조사
139	보은리고분군							지표조사
140	율리고분군							지표조사
141	무거동상밭골유적						5	울문연 2009
142	문죽리고분군							지표조사
143	두왕동 본동유적		4		116	57	1	겨레문화유산연구원 2016
144	두왕동유적				7			중문연 2004
145	상개동유적							지표조사
146	선암동 끝바위유적							지표조사
147	야음동 고래유적							지표조사
148	작동리고분군							지표조사
149	대복리고분군 I							지표조사
150	대복리고분군 II							지표조사
151	고연리고분군 I							지표조사
152	고연리고분군 II							지표조사

연번	유적명		유구 목관	옹관	토광	목곽	석곽	석실	비고
153	고연리고분군Ⅲ								지표조사
154	대대리 상대고분군								지표조사
155	대대리중대유적		1			5	31	4	울문연 2006
155	중대고분군						9		울산대 2003
156	하대유적 '가'지구			8		81			부산대 1997
156	하대유적 '나'지구					5			부산대 1998
157	대대리 저리고분군								지표조사
158	석천리고분군								지표조사
159	양동유적			1	1	32	1	1	부산대 1985
160	처용리유적			8		77	88	8	경남문화재연구원 2011
160	처용리 21번지 유적					13	3	3	우리문화재연구원 2012
161	덕신리유적						1	2	울발연 2004
161	덕신리 572-6유적							3	울발연 2011
162	화산리고분군				6		20	11	부산대 1983
162	온산고분군			3			7	32	동아대 1991
163	외광리고분군								지표조사
164	삼광리고분군		150여 기						중앙박물관
165	운화리고분군				1	15	52	3	울문연 2008
165	운화리 유적						5	1	울발연 2008
166	발리 456-1유적		10	2					가교문화재연구원 2013
166	발리 499-10유적					26	83	5	한국문화재연구원 2014
167	대안리유적		55	9	10		1		울산대 2002
168	삼평리고분군								지표조사
169	명산리유적						12	31	울문연 2011
169	명산리	7-1지점				8			한겨레문화재연구원 2016
169	명산리	7-3지점		3		19	50	35	한겨레문화재연구원 2016
169	명산리	7-4지점		1			17	9	한겨레문화재연구원 2016
169	명산리	7-5지점	3	6		16			한겨레문화재연구원 2016
170	용리고분군								지표조사

참고문헌

1. 史料

『三國史記』券34

『三國史記』券44

『三國志』

『世宗實錄地理志』

『禮記』

『後漢書』

2. 論文

권용대 외, 2005, 「蔚山地域의 古墳文化」『발굴사례 · 연구논문집』 제2집, 한국문화재조
　　　사연구전문기관협회.

권용대, 2008, 「영남지방 위석목곽묘의 구조적 특징과 성격」『야외고고학』 제4호, 한국
　　　문화재조사연구기관협회.

권용대, 2008, 「平面 'ㅏ'字形 主副槨式 墳墓의 築造背景과 意味」『古文化』, 한국박물관
　　　협회.

權龍大, 2009, 「경주지역 적석목곽묘 조영집단의 성층화와 지배구조」『야외고고학』 제7호, 한국문화재조사연구기관협회.

권용대, 2010, 「고대 울산 중산동 지배집단의 성격」『嶺南考古學』 53, 영남고고학회.

권용대, 2011, 「울산지역 4~5세기 목곽묘 연구」『야외고고학』 제12호, 한국문화재조사연구기관협회.

권용대, 2012, 「울산지역의 삼국시대 석곽묘 연구」『야외고고학』 제15호, 한국문화재조사연구기관협회.

권용대, 2014, 「울산지역 다곽식 분묘의 축조배경과 의의」『문물』 제4호, 한국문물연구원.

권용대, 2014, 「영남지방 고대 분묘의 목곽결합방식 검토」『겨레문화연구』 제3호, 겨레문화유산연구원.

권용대, 2015, 「울산지역의 삼국시대 석실묘 연구」『漢江考古』 제11호, 한강문화재연구원.

권용대, 2016, 「울산의 고분문화」『삼국·통일신라시대의 울산』, 蔚山文化財研究院.

金榮珉, 2001, 「木槨墓의 변화로 본 古代蔚山 −일부 출토유물을 중심으로」『무덤이 말하는 고대 울산』, 울산대학교 박물관.

김재홍, 1996, 「신라(사로국)의 형성과 발전」『역사와 현실』 21.

金哲埈, 1990, 「新羅 上古世系와 그 紀年」『韓國古代社會研究』, 서울대학교출판부.

김혁중, 2011, 「한반도 출토 왜계 갑주(倭係 甲冑)의 분포와 의미」『中央考古研究』 8, 中央文化財研究院.

金亨坤, 1997, 「新羅式 土壙木槨墓의 檢討 −中山里遺蹟을 中心으로−」『昌原史學』 3, 昌原大學校 史學會.

김훈희·고상혁, 2015, 「墓槽가 있는 목곽묘에 대한 일고찰 −울산 산하동유적을 중심으로−」『嶺南考古學』 73, 嶺南考古學會.

盧重國, 1990, 「韓國 古代의 國家形成의 諸問題와 관련하여」『한국 고대국가의 형성』, 民音社.

柳昌煥, 2007, 『加耶馬具의 硏究』, 東義大學校 大學院 文學博士 學位論文.

류창환, 2010, 「副葬品으로 본 加耶馬具의 性格과 意義」『慶南研究』 3, 경남발전연구원 역사문화센터.

박성태, 2010, 『신 산경표』, 조선매거진.

朴升圭, 2010, 「加耶土器 樣式 研究」, 東義大學校 大學院 文學博士 學位論文.

백승옥, 2011, 「고대 울산의 역사 지리적 성격과 朴堤上」『韓日關係史研究』 38, 경인문화사.

서용하, 2012, 「울산 중산동 신라고분 문화의 연구」, 동아대학교 대학원 석사학위논문.

선석열, 1998, 「고대의 울산과 운화리고분군」『문화유적지표조사보고 ─운화리고분군─』, 울산대학교박물관.

성민호, 2015, 「삼한시대 울산지역의 목관묘 축조집단 연구」, 울산대학교 대학원 석사학위논문.

申敬澈, 1992, 「金海禮安里 160號墳에 對하여 ─古墳의 發生과 관련하여─」『伽耶考古學論叢』 1, 駕洛國史蹟開發研究院.

申敬澈, 2000, 「Ⅴ. 調査所見」『金海大成洞古墳群Ⅰ』, 慶星大學校博物館.

신경철, 2013, 「삼한시대 문화와 울산」『三韓時代 文化와 蔚山』, 蔚山文化財研究院.

安在晧, 1994, 「三韓時代 後期 瓦質土器의 編年」『嶺南考古學報』 14, 嶺南考古學會.

이병도, 1976, 『韓國古代史研究』, 박영사.

이상진 외, 2011, 「Ⅴ. 중산동고분군 출토 토기 재질 분석」『蔚山中山洞古墳群』, 蔚山文化財研究院.

李盛周, 1996, 「新羅式 木槨墓의 展開와 意義」『신라고고학의 제문제』, 韓國考古學會.

李盛周·金眩希, 2000, 「蔚山 茶雲洞·中山里遺蹟의 木棺墓와 木槨墓」『三韓의 마을과 무덤』, 嶺南考古學會.

이용희 외, 2008, 「다호리 유적 출토 칠기의 칠기법 특징」『茶戶里』, 국립중앙박물관.

李漢祥, 2001, 「墓制로 본 5世紀代 蔚山地域의 政治的 推移」『무덤이 말하는 고대 울산』, 울산대학교 박물관.

李炯佑, 1994, 「탈해 집단의 사로지역 이주에 대하여」『신라문화제학술발표회논문집』 15, 경주사학회.

張正男, 2002, 「蔚山地域 新羅古墳 變遷과 編年」『慶州文化研究』, 경주대학교 경주문화연구소.

張翀 著, 김정열 譯, 2010, 「"九鼎"傳說流考及其中國傳統文化=九鼎설화의 흐름과 중국 전통문화」『崇實史學』 제25집, 崇實史學會.

조성원, 2016, 「영남지역 출토 4~5세기대 土師器系土器의 재검토」『한국고고학보』 99, 한국고고학회.

조수현, 2008,「早日里式石槨墓의 築造背景 硏究 -蔚山·慶州地域을 中心으로」『韓國上古史學報』61, 韓國上古史學會.

조영제, 2008,「'型式亂立期'의 가야토기에 대하여」『考古廣場』, 釜山考古學研究會.

趙榮濟, 2010,「(有蓋)臺附把手附 小壺考」『韓國考古學報』76, 韓國考古學會.

최수형, 2015,「울산약사동북동유적 삼국시대 고분군의 변천과 성격」『新羅文化』第46輯, 東國大學校 新羅文化研究所.

최충기, 2009,「蔚山地域 初期國家의 形成과 展開」, 영남대학교 대학원 석사학위논문.

한국지리정보연구회, 2004,『자연지리학사전』, 한울아카데미.

한미애, 2012,「고대 울산 중산동 세력에 대한 연구」, 울산대학교 대학원 석사학위논문.

洪潽植, 2001,「6~7世紀代 新羅古墳 硏究」, 釜山大學校 一般大學院 文學博士 學位論文.

洪潽植, 2001,「묘제로 본 6~7세기대 울산」『무덤이 말하는 고대 울산』, 울산대학교 박물관.

홍보식, 2003,『新羅 後期 古墳文化 硏究』, 춘추각.

홍보식, 2016,「삼국통일신라시대 울산지역의 대외교류」『삼국·통일신라시대의 울산』, 蔚山文化財研究院.

3. 報告書

가교문화재연구원, 2013,『울주 발리 456-1유적』.

江陵原州大學校博物館, 2011,『江陵 草堂洞 古墳群』.

江原文化財研究所, 2007,『江陵 柄山洞 古墳群 Ⅱ』.

겨레문화유산연구원, 2016,「울산 테크노산업단지 조성사업부지 내 유적 부분완료 7~9차 약식보고서」.

京畿文化財研究院, 2012,『烏山 水淸洞 百濟 墳墓群 Ⅰ~Ⅳ』.

慶南考古學研究所, 2001,『昌寧 桂城 新羅高塚群』.

慶南大學校博物館, 2004,『蔚山 九英里遺蹟』.

慶南文化財研究院, 2008,『機張 東部里 遺蹟』.

경남문화재연구원, 2009,『경부고속철도 울산역사 증용부지내 울주 신화리 유적』.

慶南文化財研究院, 2011,『機張 盤龍里遺蹟』.

慶南文化財研究院, 2011,『蔚州 處容里遺蹟』.

慶南發展硏究院 歷史文化센터, 2006,『密陽 新安遺蹟 I』.

慶南發展硏究院 歷史文化센터, 2007,『密陽 新安遺蹟 II』.

慶南發展硏究院 歷史文化센터, 2010,『密陽 沙浦里遺蹟』.

慶尙大學校博物館, 1993,『陜川玉田古墳群 IV』.

慶尙北道文化財硏究院, 2003,『浦項玉城里古墳群發掘調査報告書』.

慶尙北道文化財硏究院, 2004,『軍威 高谷里古墳群 收拾發掘調査報告書』.

慶尙北道文化財硏究院, 2004,『達城 汶山里 古墳群 I地區』.

慶尙北道文化財硏究院, 2008,『성주 장학리 별티유적』.

경상북도문화재연구원, 2012,『義城 大里里 2號墳 I』.

慶星大學校博物館, 2000,『金海大成洞古墳群 I』.

계명대학교박물관, 1981,『高靈池山洞古墳群』.

啓明大學校 行素博物館, 2006,『星州星山洞古墳群』.

관동대학교박물관, 1994,「추암동 B지구 고분군발굴조사 보고서」『동해북평공단조성지
역 문화유적 발굴조사 보고서』.

國立慶州博物館, 2016,『慶州 金冠塚』.

國立昌原文化財硏究所, 2000,『蔚山早日里古墳群』.

김해시 대성동고분박물관, 2014,「김해 대성동고분군 9차 발굴조사 자문회의」.

대성동고분박물관, 2013,『金海 大成洞古墳群-73호분~84호분-』.

대성동고분박물관, 2015,『金海 大成洞古墳群-85호분~91호분-』.

東西文物硏究院, 2012,『蔚山 山下洞 花岩遺蹟』.

東西文物硏究院, 2013,『蔚山 蔚州 鳳溪里 桂堂遺蹟』.

東亞大學校博物館, 1970,『東萊福泉洞第一號古墳發掘調査報告』.

東亞大學校博物館, 1991,「蔚州 溫山古墳群」『考古歷史學志』第七輯.

東亞大學校博物館, 1991,『梁山金鳥塚·夫婦塚』.

東亞大學校博物館, 1992,『梁山下北亭遺蹟』.

東亞大學校博物館, 2000,『彦陽校洞里遺蹟』.

東亞大學校博物館, 2011,「蔚山新華里遺蹟 II」『蔚山新華里遺蹟』.

東亞細亞文化財硏究院, 2010,『機張 盤龍里遺蹟 II』.

東亞細亞文化財硏究院, 2011,『蔚山 虎溪·梅谷洞 複合遺蹟』.

東亞細亞文化財硏究院, 2015,『蔚山 松亭洞 複合遺蹟』.

東亞細亞文化財研究院, 2017, 『密陽 良洞里古墳群(上)』.

東義大學校博物館, 2000, 『金海良洞里古墳文化』.

密陽大學校博物館, 2004, 『密陽 月山里墳墓群』.

福泉博物館, 2008, 『東萊福泉洞古墳群-第8次發掘調査 160～166號-』.

福泉博物館, 2009, 『機張 淸江里遺蹟』.

부경문물연구원, 2013, 『蔚州 錢邑里 갑곡遺蹟』.

釜山大學校博物館, 1983, 『東萊福泉洞古墳群 Ⅰ』.

釜山大學校博物館, 1983, 『蔚州華山里古墳群』.

釜山大學校博物館, 1985, 『蔚州良東遺蹟調査槪報』.

釜山大學校博物館, 1988, 『釜山老圃洞遺蹟』.

釜山大學校博物館, 1995, 『昌寧桂城古墳群』.

釜山大學校博物館, 1996, 『東萊福泉洞古墳群 Ⅲ』.

釜山大學校博物館, 1997, 『蔚山下垈遺蹟-古墳Ⅰ』.

釜山大學校博物館, 1998, 『蔚山下垈遺蹟-古墳Ⅱ』.

서울대학교박물관, 2004, 『馬霞里 古墳群』.

盛林文化財研究院, 2013, 『永川 華南里 新羅墓群 Ⅰ』.

盛林文化財研究院, 2014, 『蔚珍 德川里 新羅墓群 Ⅰ』.

盛林文化財研究院, 2016, 『義城 大里里 古墳群』.

世宗文化財研究院, 2013, 『榮州 順興 台庄里古墳群3』.

申敬澈, 1987, 「釜山 蓮山洞 8號墳 發掘調査槪報」 『年報』 第10輯, 釜山直轄市立博物館.

嶺南大學校博物館, 1991, 『慶山 林堂地域 古墳群 Ⅰ』.

嶺南大學校博物館, 1994, 『慶山 林堂地域 古墳群Ⅱ』.

嶺南大學校博物館, 2000, 『蔚山鳳溪里遺蹟』.

嶺南大學校博物館, 2003, 『慶山 林堂地域 古墳群Ⅶ』.

嶺南大學校博物館, 2005, 『慶山 林堂地域 古墳群Ⅷ』.

嶺南大學校博物館, 2006, 『慶山 新上里 遺蹟Ⅰ～Ⅳ』.

嶺南埋藏文化財研究院, 1998, 『高靈池山洞30號墳』.

嶺南埋藏文化財研究院, 1998, 『浦項玉城里古墳群 Ⅱ』.

嶺南文化財研究院, 2002, 『慶州九於里古墳群 Ⅰ』.

嶺南文化財研究院, 2002, 『大邱 佳川洞古墳群 Ⅰ』.

嶺南文化財研究院, 2009, 『慶州 芳內里 古墳群』.

嶺南文化財研究院, 2012, 『大邱 佳川洞古墳群 Ⅱ-본문2-』.

예맥문화재연구원, 2011, 『江陵 雁峴洞遺蹟』.

우리문화재연구원, 2012, 『蔚山 藥泗洞 遺蹟』.

우리문화재연구원, 2012, 『蔚山 蓮岩·華峰洞 遺蹟』.

우리문화재연구원, 2012, 『蔚山 倉坪洞 810番地 遺蹟』.

우리문화재연구원, 2012, 『蔚山 處容里 21番地 遺蹟』.

울산광역시, 2008, 『울산의 유적과 유물』.

蔚山大學校博物館, 1997, 『蔚山中垈古墳群』.

蔚山大學校博物館, 2001, 『울산조일리고분군Ⅰ』.

蔚山大學校博物館, 2002, 『蔚山大安里遺蹟』.

蔚山大學校博物館, 2004, 『蔚山泉所遺蹟』.

울산대학교박물관, 2013, 『울산 조일리고분군Ⅱ』.

蔚山文化財研究院, 2003, 『蔚山 泗淵里 늠네遺蹟』.

울산문화재연구원, 2004, 「울주 차리 목재야적장 조성부지내 유적 시굴조사 결과보고서」.

蔚山文化財研究院, 2004, 『蔚山孝門洞竹田谷遺蹟』.

蔚山文化財研究院, 2005, 『蔚山中山洞543遺蹟』『蔚山玉洞遺蹟』.

蔚山文化財研究院, 2005, 『蔚山梅谷洞遺蹟 Ⅰ地區』.

蔚山文化財研究院, 2005, 『蔚山香山里靑龍遺蹟』.

蔚山文化財研究院, 2006, 『蔚山大垈里中垈遺蹟』.

蔚山文化財研究院, 2006, 『蔚山孝門洞栗洞遺蹟Ⅱ·Ⅲ』.

蔚山文化財研究院, 2008, 『蔚山達川遺蹟 1次 發掘調査』.

蔚山文化財研究院, 2008, 『蔚山雲化里古墳群』.

蔚山文化財研究院, 2008, 『蔚山中山洞547-1遺蹟』.

蔚山文化財研究院, 2009, 「蔚山無去洞상밭골遺蹟」『蔚山夫谷洞112-1遺蹟』.

蔚山文化財研究院, 2009, 「蔚山平里425-20遺蹟」『蔚山平里425-9遺蹟』.

蔚山文化財研究院, 2009, 『蔚山九秀里大岩遺蹟』.

蔚山文化財研究院, 2009, 『蔚山朱田洞중마을古墳群』.

蔚山文化財研究院, 2009, 『蔚山平里425-9遺蹟』.

蔚山文化財研究院, 2010, 「蔚山荷岑里221-10遺蹟」『蔚山中山洞798-2遺蹟』.

蔚山文化財研究院, 2010, 『蔚山達川遺蹟 3次 發掘調査』.

蔚山文化財研究院, 2011, 「蔚山九秀里277遺蹟」『蔚山中山洞542遺蹟』.

蔚山文化財研究院, 2011, 『蔚山明山里遺蹟』.

蔚山文化財研究院, 2011, 『蔚山中山洞542遺蹟』.

蔚山文化財研究院, 2011, 『蔚山中山洞古墳群』.

蔚山文化財研究院, 2012, 『蔚山藥泗洞平山遺蹟Ⅰ』.

蔚山文化財研究院, 2013, 『蔚山校洞里遺蹟Ⅲ』.

蔚山文化財研究院, 2013, 『蔚山校洞里遺蹟Ⅳ』.

蔚山文化財研究院, 2013, 『蔚山藥泗洞393·蔣峴洞53遺蹟』.

蔚山文化財研究院, 2013, 『蔚山藥泗洞北洞遺蹟Ⅰ～Ⅴ』.

蔚山文化財研究院, 2013, 『蔚山藥泗洞平山遺蹟Ⅱ』.

蔚山文化財研究院, 2013, 『蔚山蔣峴洞遺蹟Ⅲ·Ⅳ』.

울산문화재연구원, 2014, 「울주군 상북면 지내리 산74-1번지 수종갱신사업부지 내 유
    적 표본조사 결과보고서」.

蔚山文化財研究院, 2014, 『蔚山山下洞遺蹟Ⅰ』.

蔚山文化財研究院, 2014, 『蔚山山下洞遺蹟Ⅱ』.

蔚山文化財研究院, 2014, 『蔚山山下洞遺蹟Ⅲ』.

蔚山文化財研究院, 2014, 『蔚山山下洞遺蹟Ⅳ』.

蔚山文化財研究院, 2014, 『蔚山山下洞遺蹟Ⅴ』.

蔚山文化財研究院, 2015, 『蔚山盤松里山37-6遺蹟』.

蔚山文化財研究院, 2015, 『蔚山常安洞545遺蹟』.

蔚山文化財研究院, 2015, 『蔚山中山洞山96遺蹟Ⅰ』.

蔚山文化財研究院, 2015, 『蔚山中山洞山96遺蹟Ⅱ』.

울산문화재연구원, 2016, 「고속국도 제14호선 밀양-울산 건설공사구간 내 울주가천리
    유적 발굴(정밀)조사 약식보고서」.

울산문화재연구원, 2016, 「울주군 삼동면 조일리 산65-3번지 일원 공장 신축부지 내
    유적 발굴(시굴)조사 부분완료 보고서」.

울산문화재연구원, 2016, 「울주군 언양읍 직동리 335-1번지 소매점 신축부지 내 유적
    정밀발굴조사 약식보고서」.

蔚山文化財研究院, 2016, 『蔚山虎溪洞28-1遺蹟』.

蔚山發展研究院 文化財센터, 2003, 『蔚山 茶雲洞 마 區域 遺蹟』.

蔚山發展研究院 文化財센터, 2004, 『蔚州 德新里遺蹟』.

蔚山發展研究院 文化財센터, 2005, 『蔚山 茶雲洞 바 區域 遺蹟』.

蔚山發展研究院 文化財센터, 2007, 「蔚山 西河里 大亭 遺蹟」『蔚山 茶雲洞대골遺蹟』.

蔚山發展研究院 文化財센터, 2007, 『蔚州 九英里 遺蹟』.

蔚山發展研究院 文化財센터, 2008, 『蔚州 雲化里 遺蹟』.

울산발전연구원 문화재센터, 2010, 『울주 반연리 유적』.

울산발전연구원 문화재센터, 2010, 『울주 활천리 열백들 유적』.

울산발전연구원 문화재센터, 2011, 『울산 산하동 화암고분군』.

울산발전연구원 문화재센터, 2011, 『울산 산하동 화암유적』.

울산발전연구원 문화재센터, 2011, 『울주 덕신리 572-6유적』.

울산발전연구원 문화재센터, 2013, 『울산 천곡동 600-5번지 유적』.

울산발전연구원 문화재센터, 2013, 『울주 신화리유적Ⅱ』.

울산발전연구원 문화재센터, 2014, 『울산 구미리 709-3번지 유적』.

울산발전연구원 문화재센터, 2014, 『울산 중산동 615번지 유적』.

울산발전연구원 문화재센터, 2015, 『울산 다운동 913-1번지 일원 공동주택부지 문화재
        발굴조사 부분완료 약보고서』.

울산발전연구원 문화재센터, 2015, 『울산 상안동 고분군Ⅰ』.

울산발전연구원 문화재센터, 2015, 『울산 상안동 고분군Ⅱ』.

울산발전연구원 문화재센터, 2015, 『울산 상안동 고분군Ⅲ』.

俞炳一, 1996, 「蔚山 茶雲洞遺蹟」『第39回 全國歷史學大會 發表要旨』, 第39回 全國歷史
        學大會準備委員會.

中央文化財研究院, 2003, 『蔚山-江東間 道路 擴·鋪裝工事區間內 蔚山 新峴洞遺蹟』.

中央文化財研究院, 2004, 『國道35號線(仁甫~道界間) 擴·鋪裝工事區間內 遺蹟 發掘調
        查報告書』.

中央文化財研究院, 2004, 『蔚山 斗旺-無去間 道路擴裝區間內 遺蹟 發掘調查報告書』.

中央文化財研究院, 2012, 『蔚山 藥泗洞遺蹟』.

中央文化財研究院, 2012, 『蔚山 裕谷洞·牛亭洞遺蹟』.

昌原大學校博物館, 1998, 『蔚山 茶雲洞 雲谷遺蹟』.

昌原大學校博物館, 1998, 『蔚山 日山洞古墳群』.

昌原大學校博物館, 2004, 『蔚山 茶雲洞 遺蹟 I』.

昌原大學校博物館, 2006, 『蔚山 茶雲洞 遺蹟 II』.

昌原大學校博物館, 2006, 『蔚山 中山里遺蹟 I〜IV』.

昌原大學校博物館, 2007, 『蔚山 中山里遺蹟 V』.

昌原大學校博物館, 2012, 『蔚山 中山里遺蹟 VI』.

昌原大學校博物館, 2014, 『蔚山 中山里遺蹟 VII』.

한겨레문화재연구원, 2016, 「울주 울주 장안~온산1 국도건설공사구간-2 내 유적 문화
　　　재 정밀 발굴(시굴)조사 약식 보고서」.

한국문물연구원, 2010, 『梁山 北亭洞 683番地 遺蹟』.

한국문물연구원, 2010, 『蔚山 梅谷洞 330-2番地 遺蹟』.

한국문물연구원, 2011, 『경부고속철도 울산역사 증용지(E·E-1지구) 내 彦陽 新華里遺蹟』.

한국문물연구원, 2012, 『울주 경부고속철도 울산역사 광장부지 내 彦陽 新華里遺蹟(2)』.

韓國文化財保護財團, 2007, 『蔚山 下三亭遺蹟·芳里 甕器窯址』.

韓國文化財保護財團, 2009, 『蔚山 下三亭 古墳群 I』.

韓國文化財保護財團, 2010, 『蔚山 下三亭 古墳群 II』.

韓國文化財保護財團, 2011, 『蔚山 下三亭 古墳群 III』.

韓國文化財保護財團, 2011, 『蔚山 下三亭 古墳群 IV』.

韓國文化財保護財團, 2012, 『蔚山 下三亭 古墳群 V』.

韓國文化財保護財團, 2013, 「울산 중산동 543-4번지 유적」『2011년도 소규모 발굴조사
　　　보고서 V-부산·울산·경남-』.

韓國文化財保護財團, 2013, 『蔚山 藥泗洞 遺蹟』.

韓國文化財保護財團, 2013, 『蔚山 下三亭 古墳群 VI』.

韓國文化財保護財團, 2014, 『蔚山 下三亭 古墳群 VII』.

韓國文化財保護財團, 2014, 『蔚山 下三亭 古墳群 VIII』.

韓國文化財保護財團, 2014, 『蔚山 下三亭 古墳群 IX』.

한국문화재연구원, 2014, 「울주 발리 499-10번지 공동주택 건립부지 내 유적 발굴조사
　　　전문가 검토회의 자료집」.

한국문화재연구원, 2016, 『울산 창평동 낭골유적』.

韓國文化財財團, 2015, 「울산 중산동 613-3번지 유적」『2012년도 소규모 발굴조사 보
　　　고서 VIII-울산-』.

찾아보기

ㄱ

가야문화권 14
가야토기 172
가천리유적 47
각단부 101
갑주 58, 59, 64, 81, 82, 83, 86,
        135, 180
개궁모 11, 148
경주형목곽묘 166
고대문화 10, 23, 24, 39
고대 정치체 10, 12, 146, 149
고분문화 14, 17, 19, 24, 26, 101,
        177, 179
고식 도질 고배 104, 113, 114, 135
고식 도질 고배 단계 119
고총고분 13
谷間地 30

공격용 무기 59
공구류 69
공반관계 82
과대 161
관모 160
관문성 29
교동리유적 11, 45
교호투창 고배 107, 108, 109, 110,
        111, 114, 115, 119
구수리 277유적 45
구연부 109
구영리유적 41
구조곡 29, 30, 166, 177
國邑 16
굴아화촌 10, 175, 176
금관총 160
금동관 69, 92, 127, 129, 136, 159,
        160, 161, 162, 180

금속유물 12, 21, 22, 25, 53, 58, 59,
        64, 69, 76, 81, 82, 83, 135,
        136, 151, 152, 155, 172
금조총 160, 161
騎馬戰士 59, 64
기형 106, 111, 114
김해형목곽묘 166, 171

ㄴ

낙동정맥 27, 29, 30
남부권역 30, 31, 32, 47, 53, 57,
        60, 64, 69, 71, 72, 74, 75,
        78, 80, 81, 120, 155, 163,
        166, 178, 180
남암지맥 27, 29, 30
내곽 76
내부 구조물 74
농공구류 24, 53, 55, 58, 59, 150

ㄷ

다곽식 97, 172
다곽식 고분 142, 144, 179
다운동고분군 37, 39
다운동유적 11
단곽 75, 76
단곽식 68
단야공방 21
단야구 21
單位遺蹟 22

단위 정치체 23
단위집단 10, 26
달천광산 19, 21
대각 101, 102, 103, 104, 107, 108
대금구 69, 92, 93, 161
대대리고분군 47
대형 목곽묘 13
덕신리유적 51
덮개시설 54
도질 101
도태칠기 112
돌대 107, 109
동검 11, 148
동과 11, 148
동모 11, 148
동정 151
동혈 주부곽식 68, 121, 136
두형토기 11, 111, 148
뚜껑받이 턱 106, 109

ㅁ

마구류 53, 55, 58, 69, 82, 150
만곡도 105
맞짜임 73
매곡동유적 34
매장의례 177
매장주체부 79, 123, 124, 127, 167
명산리유적 53
목곽 20, 54, 74, 76, 96, 126, 140,
        141

목관 74, 76
목주 155
묘광 39, 54, 56, 77, 146, 152, 155
묘도 77, 127, 142
묘역 17, 39, 44, 144, 179
묘역시설 120
묘조 20
무거동 상밭골유적 51
무구 74
무구류 53, 55, 58, 82
무기 59, 64, 74, 81, 83, 148
무기류 53, 55, 58, 59

ㅂ

바닥 86
반연리유적 47
발리 456-1유적 53
방어용 무구 58
배묘 17
배신부 101, 102, 103, 104, 105,
      106, 109, 113
別邑 16
보강시설 14
보강적석 13
봉계리유적 44
봉분 14, 17, 49, 77
봉토분 39, 48, 49, 180
부곽 13, 14, 15, 56, 62, 83, 85, 86,
      87, 88, 92, 93, 94, 96, 121,
      122, 124, 127, 138, 146, 178

부부총 160
북동유적 20, 21
북동유적 축조집단 21
북부권역 31, 32, 53, 57, 59, 64,
      68, 70, 80, 81, 120, 140,
      144, 155, 163, 166, 178, 180
북유라시아 적석목곽분 13
분화 111

ㅅ

사로국 21
사연리 늠네유적 47
四圍補强積石施設 13
사회 지위 59
산하동유적 20, 37
산하동 집단 20
산하동 화암유적 37
삼각구연 점토대토기 단계 146
삼광리고분군 10, 51
삼엽문환두대도 69, 93, 129, 160
삼중곽 76
삼태지맥 27, 29, 30
삼한시대 12, 14, 21, 22, 33, 44, 49,
      111, 112
상대고분 48
상부적석 19
상안동고분군 41
생활용구 59
서부권역 30, 31, 32, 41, 53, 57, 60,
      64, 68, 70, 72, 73, 75, 78,

80, 81, 83, 120, 129, 135,
140, 155, 163, 166, 178, 180
석축 기술 72
선대묘제 15
세장방형 목곽묘 136
소유체계 83
수적 73
순수목곽묘 53, 54, 55, 56, 57, 58,
59, 67, 81, 83, 85, 120, 121,
122, 123, 124, 126, 127, 130,
135, 136, 141, 166, 169, 177,
178
순장자 76
시상 79, 80, 97, 98, 100, 121, 122,
124, 126, 127, 130, 131, 134,
140, 142, 144, 145, 177, 179
신라고분 14
신라권 문화 20
신라묘제 13
신라 세력 20
신라식 13, 14
신라식 토광목곽묘 15
신식 도질 고배 105, 106, 114
신식 도질 고배 단계 119
실전용 무구 58
실전용 무기 59

ㅇ

안동고분 174
약사동유적 41

양동유적 11, 51
양산구조곡 30
연도 77, 98, 100, 130
禮記 144
奧壁 81
와질 101, 111
와질 고배 단계 119
와질토기 12
와질토기문화 23
외곽 76
外折口緣高杯 172
용천지맥 27, 30
우시산국 10, 149, 155, 175, 176, 177
右偏在 79
운화리고분군 51
원통형동기 11, 148
위계화 24, 25, 155
위석목곽묘 18, 20, 53, 54, 62, 63,
64, 65, 66, 67, 76, 85, 86,
87, 88, 90, 92, 120, 121,
122, 123, 124, 126, 127, 128,
130, 135, 140, 141, 161, 166,
169, 171, 177, 178, 179
위세품 159, 163
위신재 59, 69, 74, 81
유물 부장갱 126
은제 관식 161
儀器性 유물 16
이중곽 75, 76
이혈 주부곽식 68, 136
이형 석곽묘 17
일산동고분군 11, 35

임당 저습지 112

ㅈ

장방판갑 174
장송의례 15
장신구 58, 59, 74
장제 17
재갈 58, 59, 83, 86, 87, 92, 93,
        127, 161
재지 집단 16
積石 54
적석목곽묘 14, 15, 16, 17, 18, 19,
        35, 51, 53, 54, 66, 67, 90,
        110, 124, 126, 127, 128, 135,
        136, 142, 162, 166, 178, 179
적석목곽분 13, 17
적석봉분 13
전기 와질토기 단계 23, 146, 148
전읍리 갑골유적 44
점토대토기 단계 148
정치권 15
정치세력 16
정치체 12, 14, 16, 19, 23, 26, 136,
        176, 177, 181
제사권 15
제철유적 21
조일리고분군 47
조일리식 18
조일리유적 47
左偏在 79

주곽 14, 56, 83, 85, 87, 88, 93,
        94, 96, 121, 122, 124, 127,
        140, 178
주구 21, 39, 77, 128, 178
主副槨式 14, 62
주전동 중마을 고분군 35
朱漆函 11
주피장자 80
중대고분 48
중대고분군 11
중부권역 30, 31, 32, 37, 53, 57,
        60, 64, 68, 70, 72, 73, 75,
        78, 80, 81, 120, 135, 140,
        163, 166, 178, 180
중산동고분군 15, 19, 33, 177
중산동 세력 19
중산동 유적 19
중산동 지배집단 19
중산리유적 11, 13, 14, 15, 32, 33,
        66
중심 정치체 23
지맥 30
지배자 분묘 146
지배집단 23

ㅊ

착장유물 76
창평동 810번지유적 35
처용리유적 51
천소유적 47

철기생산 21, 69
청동초두 161
최고위계 고분 14
최상위 지배자 82
추가장 77, 96, 142, 144
축조집단 21
출입구 77, 78, 79, 80, 97, 98, 134,
　　　142
충전재료 54
칠 고배 112, 113

ㅌ

타원형 수혈 122, 123
통나무 목관 39

ㅍ

판갑 92, 120, 128
偏球壺 11
편년 25, 26
평면형 13
평적 73
피장자 25, 58, 59, 61, 62, 71, 74,
　　　75, 81, 82, 83, 97, 171, 177

ㅎ

하대고분 49
하대고분군 49

하대유적 11, 12, 22, 136, 177
하삼정고분군 42, 177
下垂上平積 73
향산리 청룡유적 45
현실 77, 78, 97, 98, 100, 130, 177
兄山江構造谷 29
형식학 방법 12
호미지맥 27, 29
호석 14, 77, 128, 178
화산리고분군 11, 51
火焰文透窓高杯 172
활천리 열백들유적 44
횡가 72, 76, 124, 138, 140
횡구식 석실묘 33, 34, 35, 77, 120,
　　　130, 135, 140, 142, 144, 160,
　　　166, 172, 179
횡혈계 매장 시설 17
횡혈식 석실묘 17, 33, 34, 77, 120,
　　　134, 135, 144, 166, 172, 179,
　　　180
효문동율동 유적 35
효문동 죽전곡유적 35
후기 와질토기 단계 23, 148
후기 와질토기문화 22, 23

• 권용대 權龍大

1974년 경상북도 경주 출생
2002년 국립경상대학교 사학과 졸업(학사)
2005년 국립경상대학교 대학원 사학과 고고학 전공(석사)
2017년 국립경상대학교 대학원 사학과 고고학 전공(박사)
현재 울산문화재연구원 연구관

• 논문
2006, 「합천 옥전 목곽묘의 분화양상과 위계화」『한국상고사학보』 53, 한국상고사학회.
2007, 「경주·울산지역의 삼국시대 훼손토기 연구」『호서고고학』 16, 호서고고학회.
2007, 「영남지방 측구부탄요의 전개양상과 구조복원」『한국상고사학보』 57, 한국상고사학회.
2008, 「평면 'ㅏ'자형 주부곽식 분묘의 축조배경과 의미」『고문화』 72, 한국대학박물관협회.
2009, 「경주지역 적석목곽묘의 구조복원 재고」『문화재』 42, 국립문화재연구소.
2009, 「경주지역 적석목곽묘 조영집단의 성층화와 지배구조」『야외고고학』 7, 한국화재조사연구기관
　　　협회.
2010, 「고대 울산 중산동 지배집단의 성격」『영남고고학』 53, 영남고고학회.
2011, 「울산지역의 4~5세기 목곽묘 연구」『야외고고학』 12, 한국화재조사연구기관협회.
2012, 「울산지역 삼국시대 석곽묘 연구」『야외고고학』 5, 한국화재조사연구기관협회.
외 다수

• 수상
2017년도 한국매장문화재협회 문화재조사연구상 대상(문화재청장상)

울산의 고분과
고대 사회

초판인쇄일	2018년 8월 23일
초판발행일	2018년 8월 25일
지 은 이	권용대
발 행 인	김선경
책 임 편 집	김소라
발 행 처	도서출판 서경문화사
	주소 : 서울시 종로구 이화장길 70-14 105호
	전화 : 743-8203, 8205 / 팩스 : 743-8210
	메일 : sk8203@chol.com
등 록 번 호	제300-1994-41호
ISBN	978-89-6062-209-8　93900

ⓒ 권용대. 2018

* 파본은 구입처에서 교환하여 드립니다.

정가 17,000